尼采忘了他的傘

這些傘，撐出一個時代！

那些你沒聽過的生活、文學、歷史、藝術中的傘

A History Of
The Umbrella In Life
and Literature

BROLLIOLOGY

Marion Rankine

瑪麗恩．蘭金——著　呂奕欣——譯

UNDERGRO
MANNER
NO WET · NO COLD

獻給大狗，以及雨傘獵人。

目次 Contents

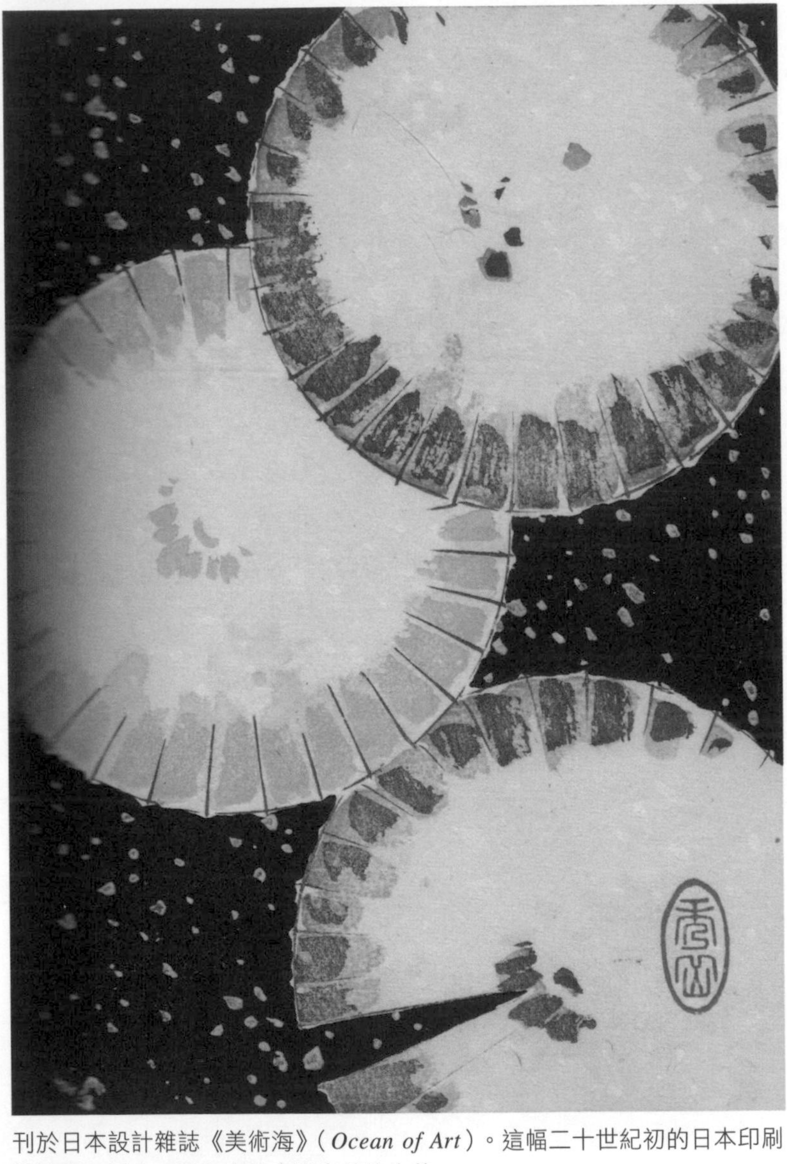

刊於日本設計雜誌《美術海》(*Ocean of Art*)。這幅二十世紀初的日本印刷作品中，月夜、雪和傘三者迸出美的火花。

推薦序

Oh no! I forgot my brolly.

倫敦男子日常

來到英國之前，對於這個國家、對於倫敦沒有太多認識，不像許多留學生是懷抱著大英夢想而來，我則是因為學業而選擇了這個地方開啟新生活。由於事前對於英倫文化沒有太多想像，因此來了之後便是一連串的文化衝擊。

其中最讓我印象深刻的，便是英國人對「雨傘」的使用習慣。

英國以變幻莫測、陰雨綿綿的天氣而聞名，真正在倫敦生活之後，我其實沒有太大的感受。一來是臺北的下雨天數也不算少，二來是我已經養成隨時攜帶雨傘的習慣，因此就算臨時下雨也能從容不迫地從背包裡取出自動折疊傘，不受阻礙地繼續我的行程。但是據我觀察，英國人或甚至是來到倫敦的歐美觀光客們，多半因突如其來的驟雨不知所措，媽媽們攜著孩子躲在咖啡廳外狹窄的遮雨處，上班族頂著帥氣髮型鑽進超市內隨意閒逛、打發時間，年輕學生們戴起外套帽子、小跑步尋找地鐵站入口或是索性讓雨水淋溼身子，這樣的例子和場景實在太多太多，以至於我第一次見到時，內心感到十分納悶，難道只有我這麼在乎被雨淋溼嗎？通常在倫敦，如果遇到沒有預警的大雨，能夠毫不慌張拿出雨傘為自己撐起一片屋檐的，幾乎都是亞洲人。

針對這個發現，我曾經問過幾位英國朋友，也上網搜尋過，發現許多英國人的答案都挺一致的。他們的回答是，由於英國不像世界上許多國家有明顯的乾季、雨季，難以預測的天氣使得許多英國人索性不帶傘了。再加上，英國的雨通常短而急驟、綿綿細雨多過滂沱大雨，因此通常穿一件防水能力好的風衣，或是戴上外套帽子、甚至是在一旁有遮蔽棚的店家外躲雨，都是比隨身攜帶一把雨傘更為實際且輕鬆的方式。這解釋聽著似乎也合情合理，的確每一個文化的人都會因為地域及氣候而發展出特有的生活習慣，雨傘的使用堪稱了解英國人最有趣的面向之一了。

雨傘，在英文中最常見的用法為「Umbrella」，不過英國人也稱其為「brolly」或是「brella」，因此大家可以發現，此書的英文書名運用了一個有趣的諧音「Brolliology」，「雨傘學」。這一現在看來稀鬆平常的生活用品，竟然在英國歷史上乃至於世界各個文化中，有著博大精深的有趣意涵。《尼采忘了他的傘：這些傘，撐出一個時代！那些你沒聽過的生活、文學、歷史、藝術中的傘》，初見此書標題，其實很訝異光是「雨傘」竟然能寫一本書出來，但細細品讀後，便不禁讚嘆作者對於歷史文化和社會觀察的深刻梳理及細膩考察，身為居住在倫敦的澳洲作家，瑪麗恩・蘭金以從古至今雨傘之於英國人的意義為主軸，交錯世界各個文明使用雨傘的歷史，以詳盡的文獻引用為讀者介紹雨傘的文化意涵，縱使清晰翔實、卻不枯燥沉悶，反而讓人像讀故事書般，一篇一篇被引入其中，遙想幾百年前的英國街景，從一把小小的雨傘，讓人窺探這一國家的有趣種種。

臺灣曾經是世界著名的製傘王國，彰化則是這一產業的核心重鎮，如今英國皇室所使用的傘則有部分來自臺灣品牌。或許製傘盛況逐漸被人們所遺忘，但對於臺灣人來說，雨傘不僅是生活上不可或缺的存在，更是我們能引以為傲的優良工藝之一。雨傘自首次出現於英國時，從被眾人所唾棄、批評，一直到後來則成了英國紳士及上流階級的身分象徵，這個文化轉變藉由蘭金所引用的豐富文學及深入淺出的鋪排，讓人清楚地了解雨傘對於英國社會來說曾經占有何等重要的地位。

如今在許多目標鎖定上流男士的時裝媒體中，雨傘仍是時尚編輯們津津樂道的「必備單品」之一，無論是歷史悠久的英國製傘品牌，或是奢侈品時裝屋，都繼續在布料、握柄材質和花色上做足功夫，希望保留雨傘之於英國中上階級的符號意義。不過此書不只讚揚雨傘的文化地位，相反地，還展現出雨傘於現代社會被輕易遺忘的對比現象。例如剛剛提到，許多英國人不愛撐傘、帶傘，或是每一年倫敦地鐵上就有八十萬把傘遺失。書中第六章更有趣地收錄了作者在倫敦街頭所拍下的照片——那些被遺棄在城市各個角落，破損敗壞的雨傘。

因為讀了這本書，我才知道關於詹姆斯．史密斯父子（JAMES SMITH & SONS UMBRELLAS）這間古老傘行，並且特地到場逛了一會兒。店鋪坐落於新牛津街上，是一座二級古蹟的維多利亞式建築，充滿歷史感的棕色外表與古典字體，印著JAMES SMITH & SONS UMBRELLAS，米白色牆身上還掛著斗大的紅色字樣UMBRELLAS。走進店裡，讓人驚訝雨傘竟然有這麼多不同樣式、各種材質，在這間全歐洲最古老的傘行中，你能在摩登新穎的倫敦都會裡，一腳踩進時光漩渦，感受濃厚的老英國氣息，姑且不論你喜歡與否，但一座二十一世紀的現代城市裡，有這麼一方歲月毫不褪色的天地，也算是城裡人的幸福了。

透過蘭金精準而優雅的筆觸，此書讓人感受到一件小小物品的巨大魔力，令人不禁更加了解英倫文化，同時也能由各世代雨傘的身影中，瞥見不同的文明面貌。

（本文作者旅居倫敦，精通四種語言，關注旅遊風尚、藝術設計、性別平權等社會議題，經營臉書社群「倫敦男子日常」）

前言

傘的特性

Brollyness

「什麼東西收起來時可從煙囪鑽上去，打開時卻下不來？」記得剛上小學幾年間聽過的謎語中，最難忘的就是這題。或許是因為傘在煙囪鑽上鑽下實在太異想天開；而傘在煙囪上方打開變成菇狀煙囪帽的畫面，也令我久久難忘（我家有煙囪，小時候還因此很想把雨傘撐在煙囪頂部）。另一方面，傘就像花朵，收攏和打開時呈現不同樣貌，而兩種樣貌無法同時存在。例如傘收起時可以作拐杖用，打開時不行；同樣地，收起的傘在下雨時毫無用處。相比之下，人類身邊恐怕沒有其他日用品會像傘這樣，出現這麼大的視覺變化。

我認為傘的隨心所欲，正是它迷人之處。人類製傘、用傘、改良與裝飾傘，已有數千年的歷史；從古代的王公貴族、神祇祭司，以至士農工商各階層或每對親暱伴侶間，都不難在他們頭上找到傘的蹤影。傘的材料包羅萬象，包括竹、紙、鯨骨、鋼鐵、絲綢、棉花、羊駝呢、織錦和蕾絲，有時甚至以珠寶和貴金屬裝飾。除了實用與普及，傘還出現在無數的電影和藝術品中，不僅散發懾人的美感，更是暴風雨或飛雪中靜謐十足的視覺焦點。

傘也出現在各種文本，堪稱風情萬種，有的富啟示性，有的令人驚喜。曾有愛傘人寫過傘的歷史，其中包括了當時知名的製傘者。有人會在作品中讓傘悄悄地溜進來，就像傘總默默地流連在人們的日常生活中：不太起眼，有種象徵性，偶爾改變人生，扭轉命運。

我在幾年前起心動念，想寫點東西，談談文學中的傘。原本只打算寫篇文章，簡短介紹自己最愛的文學作品中提到的幾把傘，並解說這些傘在作品中的意義。但當我開始閱讀相關資料，鑽研從古希臘到現代英國等幾代文化中的雨傘史，旋即明白一篇文章根本不夠。傘的歷史博大精深，在不同時空下的意義與象徵也大不相同。我讀得愈多，就愈容易循著線索發掘更多的史料和觀點。傘的主題實在奇妙，我無論怎麼限制篇幅形式，仍會超出當初設定的框架。

我漸漸明白，自己並非把英語系文學作品中的傘條列編目[1]，畢竟這樣要處理太多文獻。光以查爾斯·狄更斯（Charles Dickens）為例，他在作品中提到傘的次數不下一

1 美國科羅拉多大學法語及比較文學教授華倫·摩特（Warren Motte）二〇一四年的《凝視鏡子》（*Mirror Gazing*）就是文獻蒐集的好例子。這本書蒐集了「鏡子場景」，也就是書中角色在鏡子中看見自己映影的各種情境，而這也來自莫特長達二十五年、豐富且多元的閱讀經驗。

百二十次[2]，而這也違背了我日漸堆高的筆記中所闡述的精神。吸引我的不光是文學中的傘，我的興趣在於「傘的特性」這個「觀念」，這些傘或出現在真實世界，或出現於虛構的概念宇宙。傘固然很美，但我迷戀的不光是傘本身，更令我反覆思量的是其背後的意義。

傘的特性指涉許多面向。每當我探索任何一個面向，就會在堆滿書房地板的文字作品中找到反映出這面向的範例。我們在書寫時，會自然透露出對某些事物的想法，以及附加在其上的意義。傘的書寫也不例外。我讀到的傘有些令人永難忘懷，也有些已不復存記憶中；有些用來揮舞攻擊，有些則文雅運用；有些傘打破積習，有些支持傳統；有些傘提供保護，有些造成傷害；有些傘在敘事中比其他元素更能彰顯出角色的社會地位，有些故事若少了傘則根本說不下去。我讀愈多傘的故事，就愈相信傘在故事中絕非扮演著平凡無奇的角色。傘可能神奇或逗趣、有用或無用、實際或不切實際，無處不在且遊走於界線，幾乎可作為一切事物的比喻。

因此，這本書永遠不可能完整。我在整理這本書第一份初稿的那幾天，有同事告訴我，他在文學作品中最喜歡的傘來自《包法利夫人》（*Madame Bovary*）。包法利夫人？

我在研究傘的期間從來沒想到古斯塔夫・福樓拜（Gustave Flaubert）！趁著午休，我趕緊到附近的樂施書店（Oxfam）找一本來讀，這本書就這樣擺在我床邊好幾個月，耐心等我放進第二份草稿中。類似的情況一再發生。我在優游浩瀚書海的過程中遇見太多傘了，因而敢打包票，傘就像宇宙繁星與深海中的奇特生物，已知的足跡遠遠少於待發掘的世界。各位接下來看到所有關於傘的故事，都是我的心頭好。因為這些傘，這本書才得以存在；也許傘並不起眼，卻擁有無窮盡的意義值得人們探索。

2 這個統計來自英國約克大學文學教授約翰・鮑溫（John Bowen）二〇一三年的名文〈狄更斯的雨傘〉（*Dickens's Umbrellas*），堪稱是對狄更斯與雨傘文學的頌歌。

第一章

展現身分的傘

Marks of Distinction

來到倫敦，在車輛川流不息的新牛津街（New Oxford Street）與布盧姆斯伯里街（Bloomsbury Street）交叉口，有間販賣平價皇室紀念品的商店，每到雨天會擺出便宜的傘。望向對面，在小飯館和通往柯芬園（Covent Garden）的石子路小巷之間，屹立著一間似乎不屬於這個時代的商店。這間商店寫著「海澤伍德之屋」（Hazelwood House），是維多利亞式的建築，乳白色立面上寫著斗大的紅色字母，並以鑄鐵裝飾；現代的商店多以大幅攝影與快速更替的櫥窗展示來宣傳，但過去的商家就是這樣打廣告。花俏的鐵支架上掛著招牌，上面的大寫字母寫的是詹姆斯．史密斯父子傘行（JAMES SMITH & SONS UMBRELLAS），這幾個字下方有紅色的傘頂，雖沒有中棒（即傘杖），仍頗具特色。玻璃櫥窗上陳列五花八門的商品：淑女傘、熱帶遮陽傘、花園與高爾夫傘、紳士傘、福克斯傘架、金銀傘座，還有雨傘修繕、中棒拋光的服務，以及其他相關商品如馬鞭、新鮮黑刺李木、麻六甲手杖、救生員傘、短劍手杖、長劍手杖等等……

走進店裡，首先映入眼簾的是大批深色木材與藤條、緊捆著或隨興鬆開的傘罩，暗色調格子布料、作工別緻的手杖，立架上還展示不少傘柄優雅上彎的淑女傘。在成排的手工拐杖貨架上，一字排開鴨子、鸚鵡、貴賓犬、格雷伊獵犬、拳獅犬、雪納瑞犬、鱷魚、大嘴鳥、公羊、撞球，還有福爾摩斯與貝多芬冷冷瞪著顧客；無所不在的彎傘柄，彷彿是在店內跳躍的音符。牆上高掛幾對分岔的駝鹿角與彎曲的巨羚角等犄角，透著肅穆感，也讓這家店煥發出當年上流階級的榮光。

詹姆斯．史密斯父子傘行和鄰近的大英博物館和南邊幾個街區的戲院一樣是觀光景點。不僅如此，這間傘行也見證了傘在英國人歷史上歷久彌新的力量。說得更精確一點，傘經過了人們精心打造，用以襯托持有者的與眾不同。傘不僅僅是為了擋雨，更是時尚與絕佳品味的標誌。「傘是出門時的沉默夥伴，我們很樂於評估這樣的朋友有何價值」，一八五五年，製傘人威廉．桑斯特（William Sangster）如此讚頌道。走一趟詹姆斯．史密斯父子傘行，便很難不認同桑斯特的說法。

詹姆斯．史密斯父子傘行創立於一八三〇年，這是值得一提的年份。根據對傘史有深入研究的歷史學家克勞福（T. S. Crawford）指出，約在此時，生產雨傘的商業前景提升了。的確，一八三〇年代對國際時尚界而言是相當重要的時期。時尚歷史學家艾莉兒．畢卓特（Ariel Beaujot）在二〇一二年的著作《維多利亞時期的時尚配件》

（*Victorian Fashion Accessories*）指出，兩大要素形塑了英國的歷史進程：中產階級的「堅固化」，連帶促成消費力大增。過去只有超級富豪用得起的奢侈品，製作成本大幅下降，民眾爭相仿效，用傘成了地位與優雅的象徵。中產階級掀起的熱潮，目的在於展現自己與勞工階級的差異；說得更精確，當時的女性試圖以奢侈品來炫耀丈夫的賺錢能力。過去人們認為，把錢揮霍在瑣碎小物為敗德之舉（這當然是貴族的特權），而今民眾都認為這有助於社會發展，支撐了製造業，還提供更多工作機會。

這種「民主化」過程，也反映在傘的發展歷史。由於傘的需求一飛沖天，原本街角的攤販被家族企業或小工廠取代。早期傘使用的是笨重脆弱的鯨骨傘架，後來才改採福克斯先生的「完美傘架」——桑斯特盛讚為「雨傘發展史上史無前例的大進展」。所謂「完美傘架」的輕鋼結構的靈感來自橋梁[1]。一八五一年，威廉與弟弟約翰在萬國博覽會獲獎，他們率先使用羊駝呢（桑斯特稱之為「祕魯綿羊」）取代當時常見的絲質或棉花傘布，畢竟絲質傘布價格昂貴，而棉傘布笨重不堪，都不耐用。到了一八八五年，他們已經販售出近四百萬把以福克斯傘架、羊駝呢傘布打造的雨傘。

傘代表出眾不凡[2]。寫下《金銀島》的蘇格蘭作家羅伯．史蒂文森（Robert

Louis Stevenson）曾在一八九四年一篇精要的文章〈傘的哲學〉（*The Philosophy of Umbrellas*）中提到，「擁有一把傘，暗示人們憑靠財富帶來舒適……有帶傘習慣的人，代表是個體面的人。傘是眾所皆知的社會地位指標。」喬治．伯羅（George Borrow）在遊記〈荒野威爾斯〉（*Wild Wales*〔1907〕）中寫道：

> 若你有一把傘，誰還會懷疑你是否體面？你到酒館叫一杯啤酒，酒館主人會一手把啤酒放到你面前，但不會伸出另一手要錢，因為他看見你有傘，代表你有錢。如果你有一把傘，忽然遇見某個體面的人，上前搭話時，他怎可能拒絕對話？不會的。體面的人看見你有傘，便知道你不會搶劫，因為歹徒絕不會帶傘。噢，雨傘是帳篷、是盾牌、是長矛，還是人格的保證。雨傘是人類最好的朋友。

1 尤其是不列顛大橋（Britannia Bridge）使用的箱形梁。這座橋位於梅奈海峽（Menai Strait），由羅伯特．史蒂芬森（Robert Stephenson）設計。一九七〇年，這座橋因大火而重建，捨棄了箱形梁的設計。

2 傘也有截然相反的含意，見第二章。

When buying an
UMBRELLA
insist upon having a
FOX'S FRAME.
Fox's are the best!

一九〇一年福克斯傘骨的廣告（當然裡頭沒有狐狸〔Fox〕）。

在伯羅的時代，傘成為英式服裝的一部分。紳士通常會攜帶「城市傘」——克勞福說那是「收得緊、以完美絲綢包覆的手杖；如果圓頂禮帽是王冠，那麼城市傘就是權杖」。

克勞福提出王冠與權杖的比喻，可不是隨口說說。事實上，早在英國之前，傘代表卓越地位的歷史已經相當悠久，三千多年前的古埃及和亞述帝國就開始用傘幫君王遮陽。狄更斯可能是文學史上最熱中傘的作家，他曾在編纂的週刊《家庭箴言》（*Household Words*）中寫了關於傘的文章，內容提到在一張底比斯的畫作上，有衣索比亞公主「搭車旅行，車廂上頭有雨傘或遮陽頂，很類似鄰家夫婦星期天到艾坪森林（Epping Forest）時攜帶的躺椅陽傘」。

英國軍官、探險家理查・伯頓（Sir Richard Burton）曾前往非洲的達荷美王國（今天的貝寧），他的著作在一九六六年重新出版，提到新酋長上任時會得到一把傘，「傘就象徵酋長本人。『七把雨傘掉落』，就代表七個酋長遭到殺害」。衣索比亞、摩洛哥、西非都只在隆重的場合使用傘，尤其是摩洛哥，唯有統治者和最親近的王族可攜帶傘。摩洛哥的古諺暗示了傘所代表的奢華與階級，「擁有傘的人可隨心所欲，可走在陽光下，亦可走在陰影中」。

印度在西元前二世紀至五五〇年繪製的阿旃陀石窟（Ajanta Caves），反映出傘在印度擁有悠久獨特的歷史。和許多國家一樣，傘代表統治者的地位。在一份於一九〇五年出版的史料中，提到山謬・伯夏斯（Samuel Purchas）描寫蒙兀兒皇帝「有二十把大陽傘（kittasol[3]）幫他遮蔭。在他的帝國中，除了皇帝本人，無人膽敢撐傘遮陽」。只有君王可以在特殊場合使用華蓋（nava-danda）：這是一種七層圖案堆疊的朱紅與淡金色陽傘，並以三十二串珍珠裝飾，有純金傘骨、紅寶石傘柄，握柄底部則是鑽石。而科欽的王公要求郵戳要有傘的輪廓。

一八八七年，英國威爾斯親王造訪印度時，印度國王隨時都撐著巨大的傘來遮蔭；與其說是遮擋豔陽，不如說在印度人心中，傘與統治權之間有極為深刻的連結。正如畢卓特解釋，如果沒有傘，愛德華王儲可能會被當成「不怎麼重要的西方訪客，而非國家未來的皇帝」。

緬甸古城阿瓦（Ava）的國王被稱為「白象與二十四傘之王」。十三世紀時，有君王在選擇繼承人時，要五個兒子圍成一圈，讓傘在他們中間落下，祈禱傘指出最適合的人選。克勞福說，奧克森納王子（Prince Oksana）就是這樣誕生的國王，因而有「由傘送上王座的國王」之稱。

中國用傘的歷史更長達數千年之久。軍閥王匡的古墓可追溯到西元前二五年，墓中發現了可收合的傘；相較之下，英國傘匠在十八世紀大費周章後才發明類似技術，實在相形見絀。明朝的傘蓋禮儀相當繁複，規定「公侯駙馬伯與一二品官用銀浮屠頂、茶褐羅表、紅絹里、三簷；三品、四品用紅浮屠頂，俱用黑色茶褐羅表，紅絹裏，三檐；五品二檐；六品至九品用紅浮屠頂，青絹表，紅絹裏，兩檐；庶民不得用羅絹涼傘，但許用油紙雨傘」。

日本貴族用傘時，對於階級與傘色的規定也相當繁複，直到十七世紀才鬆動。當時富有的城市居民使用和傘，也就是以紙和竹子製成，並塗上防水漆的細長雨傘。和傘廣受歡迎，但十九世紀開始，西式洋傘出現，席捲全國，導致傳統和傘產業幾近凋零[4]。

回來談談維多利亞時期的英國。這時傘的普及程度達到巔峰，甚至可帶上戰場。

3 kittasol是西班牙語中遮陽傘（quitasol）的音轉。

印度阿旃陀石窟壁畫細部，一名女子以長柄傘遮陽。

克勞福指出，在一場拿破崙戰爭期間的戰役中，「戰場上到處是軍刀、肩背包和傘」，引來法軍不小驚奇。一名將領寫道：

當時正在下雨，英國軍官騎在馬背上，手持雨傘，看起來相當荒謬。忽然間，英國人收起傘，掛到馬鞍上，抽出軍刀，朝我們的軍靴揮來。

不過，史蒂文森顯然不知道戰場上的情況。他在〈傘的哲學〉中，認為用傘的人多半訴求和平，因為他們想要保護手中這珍貴的物品：

傘以鯨魚骨、絲綢和竹杖製成，結構繁複，為現代工業的縮影。持傘者勢必講究和平。若有人稍作挑釁，大可用僅值半克朗的手杖敲擊其頭；二十六先令的絲綢傘過於貴

印度王公使用的傘相當華麗，以穗裝飾，作工細膩，採用銀質中棒。

重，不宜在戰爭時期冒險使用。

據說劍橋公爵（Duke of Cambridge）曾在關鍵時刻，找到一把大傘庇護，部

4 有興趣者可參考史蒂芬．柯勒（Stephan Köhler）於一九九三年的文章〈一己天空的父母〉（*Parents of Private Skies*），這篇文章收錄在茱莉亞．米契（Julia Meech）的《雨和雪：日本藝術中的雨傘》（*Rain and Snow: The Umbrella in Japanese Art*）。文中追溯了日本岐阜市傳統傘匠的製傘過程。傘匠清一色是老一輩人，製傘過程極嚴謹。過了二十多年之後再來看這篇文章，更是百感交集。

隊因而高歌：

> 我們不想打仗，
> 但如果非得上戰場，
> 我們也有劍橋公爵，
> 以及他的傘！

如今傘的價格和一杯啤酒差不多價格，掉了也不心疼，著實難以想像過去傘在人們心中有多麼寶貴。要知道傘在過去的價值，不妨閱讀英國作家福斯特（E. M. Forster）於一九一〇年出版的小說《此情可問天》（*Howard's End*），書中的事務員巴連安（Leonard Bast）便透露了當時雨傘的價值。巴連安參加一場音樂會時，發現傘被拿走，以致他心神不寧，無法專注欣賞音樂：

> 他無法忘懷雨傘遭竊的事。對，雨傘真是麻煩。在莫內與德布西後面，以及鼓聲

◀ 這張諷刺漫畫中，劍橋公爵喬治王子撐著搶眼的傘。

ICE

的持續節奏中，雨傘時時存在。「我想，我的傘會好好的。」他心想。「我不必放在心上，應該專心聽音樂。我想，我的傘會好好的。」

或者《保姆包萍》系列的主角瑪麗．包萍（Mary Poppins）。無論晴雨，她總是帶著一把傘，和班克斯家的孩子展開一次又一次的冒險。

瑪麗．包萍戴著白色手套，雨傘夾在腋下，這不是因為外頭下雨，而是這把傘的傘柄很美，她捨不得留在家。有鸚鵡頭傘柄的傘，怎麼可以留在家？

兒童文學作家羅德．達爾（Roald Dahl）在一九八〇年寫了一則短篇故事《換傘的先生》（*The Umbrella Man*）。故事中，一對母女造訪倫敦時被突如其來的大雨困住，這時一名年長男子從街上朝她們走來，看起來是「道道地地的紳士……他彬彬有禮，言談得體，衣冠楚楚」。不僅如此，他還拿著一把很大的絲質雨傘，少說要二十英鎊。不過，這位母親對於男子的話心存懷疑，況且男子說自己把皮夾放在家裡，需要計程車費回家。不過，當男子要以一英鎊把傘賣給她時，她的疑慮頓時煙消雲散：

「這是把漂亮的傘。」小個子男人說。

「我注意到了。」母親說。

「是絲的。」他說。

「看得出來。」

在這裡，男子的傘獲得了價值上的證明——它是具社交與經濟意義的貨幣。傘的好品質即是史蒂文森所說的「體面戳印」，是人格與社會地位的保證。這麼一來，帶著好傘的老紳士接近時，對方會欣然對待，也樂於接受他的交易。

同樣的價值評斷也出現在作曲家、作家喬治・羅德威爾（George Herbert Rodwell）一八四七年的《雨傘回憶錄》（*Memoirs of an Umbrella*）中。在這故事中，送傘是意義重大的行為，甚至讓人懷疑其背後動機。赫伯特・崔維里恩（Herbert Trevillian）是個社會地位高卻心懷不軌的紳士，他想博取新朋友史塔特斯先生（Mr. Stutters）的友誼，卻立刻被看穿：「他彷彿在請我幫忙，要我將這把傘視為己有，但我只是借用而已。雖說只是件小事，卻想讓我欠他一份情。」

傘的價值以及傳達社會地位的功能，在藝評家布萊恩．斯威爾（Brian Sewell）唯一的小說《白雨傘》（*The White Umbrella*〔2015〕）中表露無遺。B先生是個和藹可親卻帶著幾分傻氣的英國紳士，他不愁吃穿，一心追求學問。他在巴基斯坦白沙瓦（Peshawar）的街道上，拯救了一隻受虐的小驢子。於是，他拋下了一起拍片的劇組，選擇步行、汽車、卡車、火車與種種能安全運送小驢子的方式，回到溫布頓舒適的家。不過，他在整趟旅程中始終沒有放下手中的傘，畢竟這把傘：

> 可不是普通的傘，而是堅韌的白色帆布，縫在精心打造的金屬傘骨上，中棒和最堅實的枴杖一樣沉甸甸。那是十年前，由詹姆斯．史密斯父子傘行專為他打造的……而今帆布已不再潔白，因為B先生在發掘史前人類的遺跡時，帶著這把傘遠征撒哈拉沙漠，穿過沙塵暴；這把傘也伴隨他前往龐貝與最遠的西西里島，以及從巴塞隆納到巴格達的每個地方。這把傘堪稱是傘界的勞斯萊斯。

在B先生的手中，這把白雨傘具有許多敘事功能，屢次傳達出他身為富有英國紳士的地位，而不僅僅是幫驢子帕芙洛瓦（Pavlova）和他自己遮陽。在整趟艱辛的旅程中，唯有這把傘讓他不致陷入看來貧困的窘境：他「覺得自己像流浪漢；沒洗澡，和流浪漢一樣骯髒；唯有靠著服裝剪裁與漂亮的雨傘，才不致真正被當成流浪漢」。

但隨著故事進展，讀者不免揣測，若B先生聰明點，是不是乾脆留下他昂貴的雨傘比較好。一名廂型車司機幫這對辛苦過馬路的男子和驢打氣，兩人的對話清楚顯示，他知道B先生是英國人。B先生問他怎麼知道。「因為雨傘」，他笑道。而讀者也能感受到雨傘的潔白和B先生的皮膚之間微妙的一致。這人其實是走私者，利用傻傻的B先生，掩飾他的不法之舉。後來有個朋友告訴B先生，他「有這麼漂亮的傘，可見是個口袋滿滿的英國富人……能活下來實在走運」。

這段故事直接把傘變成了衡量財富的指標。傘和權貴向來關係密切，無怪乎傘承載著豐富的階級象徵。

在文學作品中，傘與階級最明顯且辛酸的關聯出現在《此情可問天》。前面提到富家女海倫在音樂會上，因受不了貝多芬的音樂而先行離去；由於她心不在焉，錯拿了不如她富有的巴連安的傘。才剛認識海倫的巴連安以為海倫是故意的，於是當海倫的姊姊施曼綺問起巴連安地址，希望歸還雨傘時，盡管再三保證，仍得到了冷淡回應：

這個傻傻的青年以為，施曼綺和海倫是為了騙取他的信任。要是他說出地址，她們就會在某天半夜闖進家門，連柺杖也偷走。別的女士大概會一笑置之，但曼綺卻耿耿於懷，因為她看見了悲慘。信任是富人才享受得起的奢侈，窮人則無法奢求。等布拉姆斯終於嘟囔完畢，曼綺給了巴連安名片，告訴他：「我們就住在這裡；如果你願意的話，音樂會結束可以來拿傘。只是我不好意思麻煩你，畢竟是我們的過失。」

果不其然，巴連安決定去施家取傘。他在與曼綺和施家小弟廷璧沿路走回施家時，早已被雨傘劃開的鴻溝又更深了，他在美感、文化與品味都差上兩姊弟一大截。施曼綺在談論文學、藝術與音樂時，在在顯示出貧富家庭在教育和休閒娛樂的不平等：

她的話就像鳥兒一樣，從這位年輕人耳邊飛過。要是他能這樣說話，就能抓住全世界了。噢，學習文化！噢，能正確念出外國名字！噢，能有充足的知識，輕鬆討論這位小姐開啟的每一個主題！但這得花上許多年。光靠著一小時的午休與夜晚的零星幾小時，怎麼可能趕上一個悠閒的女子，一個打從年幼就持續閱讀的人？

到了施家，因可能痛失愛傘而傷神的巴連安，目睹海倫一副毫不在乎的態度，甚至把這場「偷竊疑雲」看成笑話。畢竟她有好多傘，甚至不知道哪把傘是自己的：

「噢，真抱歉！」海倫喊道……「我無所事事，光偷雨傘。真的很抱歉！請進來，自己選。你的傘柄是彎的還是球形的？我的是球形的——應該是吧。」

燈打開後，他們開始在玄關尋找。海倫……以尖銳細微的聲音說……

「這把傘嗎？」她打開傘。「不，接縫都綻開了，真是把爛傘，一定是我的。」

但其實不是。

巴連安的傘除了串起整部小說的情節，也代表他與施家的所有鴻溝。他來自卑微的中產階級，渴望教育、藝術及追求兩者的時間；而施家是富有的，唯一的苦惱，是巴連安來訪時留下的「妖精的腳印」，提醒著：

在這凡事皆可能的世界，世事多未能盡如人意；在財富與藝術的上層結構底部，有一名吃不飽的男子在遊蕩著。他找回了自己的傘，卻沒有留下地址和姓名。

在這次互動後，災難隨之而來，部分原因是施家掛念著巴連安的生活；部分則呈現出悲哀的真相：

在巴連安的時代，民主天使起飛了，以皮革般的翅膀遮蔽所有階級，宣稱：「人人平等——這是說，每一個擁有雨傘的人……」

但正如巴連安的「爛傘」暗示，即使是擁有傘的人，也未必平等。畢卓特在廣泛研究十九世紀的英國傘文化時指出，擁有傘的人彼此間仍具有明顯的階級性。黑色的「城市傘」幾乎人人皆有，但可進一步從雨傘材料和狀態判斷社會階級。通常來說，絲質雨傘是貴族的專利；階級較低者用棉質或前面提到的羊駝呢。傘柄的材質也可看出一名紳士可支配的收入。而一個人能負擔得起多少錢來保養雨傘，只要觀察傘面與中棒的狀態就知道了。

傘的收納方式也透露出社會地位，絲質傘布比笨重的廉價棉質傘布更容易捲得整齊美觀。如果傘主人沒有按照正確的方法收傘，人們就會對那倒楣的傢伙指指點點，批評其人格特質。赫伯．霍華（Herbert Howard）在一九〇〇年的一篇雜誌文章〈你會摺傘嗎？〉（*Can You Fold Your Umbrella?*）中列出幾點：「凌亂、不精準、匆忙、激動……粗心！」桑斯特公司（Sangster & Co.）甚至印出一份「貴族收傘法」，以免顧客因收納方式不當，遭人側目。

在遠離講究絲傘收納的階級與文明，來到十萬八千里外，有一把傘可是費盡千辛萬苦才打造而成。那是文學史上最有名的漂流者，在烈日驕陽下的荒島所製造。丹尼爾．笛福（Daniel Defoe）一七一九年的小說《魯賓遜漂流記》（*Robinson Crusoe*）中，主角魯賓遜受困在無人島上，於是動手製作生存所需的各種物品，傘就是其中之

布里斯本的筆店（The Pen Shoppe）裡有摺得漂漂亮亮的雨傘，以及標價說明。

一。史蒂文森認為，魯賓遜的傘證明「對傘的渴望，顯然是在有教養的文明心靈中與生俱來的」。他繼續說：

表面上，胡安．費爾南德斯群島（Juan Fernandez）的驕陽或許足以說明，為什麼魯賓遜竟會離奇地選擇一項奢侈品，但對於一個多年來能在熱帶忍受苦勞的航海人來說，追逐山羊的短途之行，或和裸體的星期五和平挽著手臂，應該不成問題。不，不是這樣。他需要一些外顯的東西，恢復關於體面這種漸漸消失的記憶，於是打造出雨傘。虔信宗教的漂流者或許會樹立鐘架，模仿鐘塔，在星期天早上獲得慰藉；但魯賓遜是道德家，而非虔誠的教徒；他以葉子製成的雨傘，就是奮力在逆境中展現文明心靈的良好示範。

魯賓遜的傘以獸皮打造，而非葉子；在這遙遠的島嶼上以如此沉重不堪用，且散發惡臭之物來呼應文明與體面，實在匪夷所思。我懷疑史蒂文森在寫這篇散文時，是故意開玩笑[5]。令人意想不到的是，在當代小說中竟然有個支持者。英國作家威爾．賽爾夫

（Will Self）在二〇一二年推出的小說《傘》（*Umbrella*）中，吉爾伯特．庫克（Gilbert Cook）是個狂熱的社會主義者，也是奧黛莉．德斯（Audrey Death）的戀人，他就抱持相同的看法：「魯賓遜這典型的中產階級漂流到荒島時，竟先幫自己做一把傘！」無論魯賓遜造傘的動機為何，總之令所有讀者印象深刻，因此在當時的用語中，「魯賓遜」還常用來代表「傘」。

庫克對於中產階級用傘的觀察，和福斯特的「民主天使」相去不遠，也和當時製傘環境的淵源甚深，因而在撐傘者與製傘者之間，畫出了一道明顯的階級界線。狄更斯在〈雨傘〉（*Umbrellas*）中，曾大篇幅撰寫製作一把傘所需的人力成本。接下來我要引用一段很長的文章，讓讀者一窺前工業時代的製傘情況。

> 工匠從倉庫拿到中棒、傘骨、撐桿與傘巢，自己備好鐵絲與銅片。他的工坊有車床、鋸子、銑刀、鑽頭、削刀、虎鉗、鉗子與其他工具；他和兩到四名手下開始工作。首先，中棒要先經過固定的折騰程序……先扭轉一會兒……工人把一端削尖，才能接上傘頂；再切出兩個槽，放兩個彈節片，讓傘保持開與闔；把彈節片插入凹槽，調整擋

釘，以免下巢跑太遠，之後把十字鐵絲與釘固定在兩端。

中棒大抵完成；接下來是傘骨。工匠與手下的男孩把一整條鯨魚骨削尖，形成傘骨；接著塑形、磨平，尖端拋光；他們在裡面鑽個洞，方便固定傘面；做出頭的形狀並磨平，在周圍放上銅片，再於中間鑽個孔，這樣之後就能形成鉸鏈；他們同樣在中間點鑽洞放上罩子，之後這裡可以固定撐桿。接下來以細小鐵絲固定傘骨和撐桿。如此處理完八根傘骨之後，就分別秤重；換言之，就是測試其強度與彈性，盡量選出八根相近的傘骨，才能確保傘撐開時對稱。接著，忙碌的工人要縫傘骨；他們把一點鐵絲穿入每根撐桿的鑽孔中；把撐桿放進傘巢的凹槽，再用其他鐵絲，把傘骨與傘撐結合起來。

過程相當費工，狄更斯認為每個傘架三法尋的報酬只能「勉強接受」[6]。工匠與四名助手一週可製造將近六百支傘架，賺取六百便士[7]。其中八先令是鐵絲和銅片的成本[8]。

5 他最後在注解中寫到：「這份研究是與詹姆斯．溫特．費瑞爾（James Waiter Ferrier）合作，若再版時得做出聲明，他主要的合作方式就是躺在安樂椅上大笑。」

6 從部分不太科學的線上貨幣與通貨膨脹換算器來看，相當於今天的〇．三四英鎊——的確只能「勉強接受」！

由於製傘沒多少利潤，狄更斯又說，「下次在雨天打開傘的時候，請仰頭看看傘的結構，想想這是為了賺一、兩便士的人們[9]，花多少的工時所得來的。」

半個世紀之後，德斯在居住的倫敦，為湯瑪斯・因斯與克伊（Thomas Ince & Coy.）製傘工廠組裝雨傘時，也出現了類似的苦差事描寫。

工廠工人裁切絲綢與格子布、上油、拉直，縫上複雜的線圈與傘套，之後縫上傘骨，連上傘柄……他們一再重複，手**摩擦龜裂**[10]，在寒冬中拇指腫脹……

在世界各地，傘的運用不光帶有階級色彩，許多地方的傘皆展現出殖民主義令人不快的歧視，以及文化意義上的衝突。在印度果亞邦的奴隸市場，帶傘的是歐洲人。「毫無疑問遮陽多少是必要的」，雨傘歷史研究者克勞福承認。「但殖民者顯然把傘視為地位象徵，果亞是暴發戶的天堂，多數工作由奴隸完成。」一八七五年，在坦干依喀湖（Lake Tanganyika）附近，軍隊指揮官威尼・樂夫特・卡美隆（Verney Lovett Cameron）觀察一名非洲人撐傘：

有一名嚮導令我覺得非常有趣。他對擁有一把傘非常驕傲，整天撐著，以最荒謬的方式不停轉呀轉；我們來到某一處叢林，他又讓他的樣貌更加荒謬，把身上唯一的衣物（纏腰布）褪下……一名赤裸裸的黑人在傘下行走，那模樣實在讓我無法繼續保持嚴肅，只能捧腹大笑。

在這個例子中，傘不僅是雙方都高度重視的物品，更同時展現出和英國文化脈絡之緊密——傘既然作為某種服裝規定與展示，因此這位非洲人得意洋洋的模樣令他更覺荒謬。

傘在殖民主義中的精采示範，可從喬治．梅里愛（Georges Méliès）的《月球之旅》（Le Voyage dans la Lune）看出。這部一九〇二年的默片，描寫一群帶著傘的天文

7 相當於今天的兩百八十五英鎊。
8 相當於今天的四十六英鎊
9 相當於今天〇．二四到〇．四八英鎊。
10 後文引用賽爾夫的《傘》時，粗體字皆為原文強調的詞句。

學家，吵吵鬧鬧到月球旅行，靠著從大砲發射的太空艙往返。他們在月球表面上遇見一群住在月球的「塞勒尼特人」（Selenite），馬上以雨傘攻擊。才打沒兩下，塞勒尼特人就化成煙霧消失[11]。天文學家無緣無故胡亂攻擊一番後，又殺了塞勒尼特人的國王，俘虜另一名塞勒尼特人，把他五花大綁，準備抓回地球示眾。電影學者馬修・索羅門（Matthew Solomon）指出，「這是對殖民主義導致的悲慘後果，所提出的尖銳批評。」

維多利亞年代，印刷媒體大量增加。畢卓特研究此時期的文獻發現，維多利亞時期的印刷媒體特別愛提到傘，這也意味著傘回到英國本土時，不僅代表時尚，也反映出帝國主義、民主與種族等社會議題。

英國對其民主體制相當自豪，咸認非民主國家的文明程度絕對比不上英國。畢卓特提出各區域的政體和傘的運用原則，呈現出有趣的平行現象：在英國，傘是民主的，幾乎人人可得（只要買得起即可）；而在非民主的國家（例如印度和中國），傘也大略呈現非民主的階級。這種「民主對比暴政」政體，以及傘在政治間所呈現的張力，可在當時許多以傘為主題的故事和文章中看到。

畢卓特的研究顯示，在維多利亞時期，陳述雨傘歷史的人們刻意簡化了傘和亞洲、非洲以至其他被殖民國度的關係，並強調傘與希臘的歷史淵源——儘管事實上其關連絕對比不上亞洲。然而，在藝術、建築、文化與哲學都深受希臘羅馬歷史影響的啟蒙時代，維多利亞時期人們會把傘的發明歸功於民主誕生地，而非他們正忙著施加政治、文化道德優越性的國家，似乎是合理之舉。同樣地，作家與雨傘歷史研究者，也忙碌於宣傳英國人備感陌生的亞非地區的用傘風俗，以及和傘相關的迷信，這也更助長了畢卓特所稱「英國應該對這些國家施以教化」的認知。其中一種所謂的「奇風異俗」，根本是傘最初的設計目的：遮陽。英國人自認為他們「發現」傘是在雨天使用，並從中得到道德優越感。這種優越感充斥在各種傘的敘事中，畢卓特指出，「那些在描寫非西方國家的傘的歷史故事中，往往隱藏著一股優越感，認為只用傘來遮陽的人很奇怪，需要受教育。」

到處掩蓋雨傘豐富的文化歷史好像還不夠糟似的，畢卓特還指出，連維多利亞時期英國女性用的陽傘，也有帝國主義的弦外之音。當時英國女性的膚色（尤其是**女性**）

11 在同一個場景中，也有較和平的雨傘用途：他們把傘種植在月球上，長成了巨大的蘑菇。

「會小心建構出凸顯出種族差異的方法……女性要盡量保持皮膚白皙，那是標準膚色，並以此種膚色來評斷其他種族」。藉由使用陽傘，中上階級的女性可保護皮膚，不受日照傷害，維持維多利亞時期理想的白皙膚色。因此，畢卓特聲稱英國人「**透過中產階級女性，積極維持其白種人的地位**」。這麼一來，就誇張地演示了陽傘的運用儀式，即使那是他們口中所詆毀的、被殖民者使用傘的方式。

不過，壓迫者不該如此沾沾自喜。他們自認為用傘方式能展現文化上的優越時，其實就等同刻意忽略傘的歷史。前維多利亞時期的良好英國公民，對傘可沒什麼好感。維多利亞時期的傘代表著社會與帝國地位的指標，不過十八世紀的傘可是備受蔑視；當時誰敢在街上撐傘，恐怕淪為笑柄。

◀ 喬納斯·漢威面對他人好奇瞪視、無禮，甚至雨水，都固執地不為所動。

Sizemaker. J.D.LINTON Colourman.

第二章

聲名狼藉的傘

Disreputable Objects

美國資深環境記者辛西亞・巴內特（Cynthia Barnett）在二〇一五年的著作《雨：文明、藝術、科學，人與自然交織的億萬年紀事》（*Rain: A Natural and Cultural History*），有一整章是獻給「美好的雨具」，包括麥金塔雨衣（Mackintosh raincoat）[1]、雨刷和雨傘。雨具除了幫人體或玻璃擋雨的顯著功能之外，還有一項耐人尋味的共通點——它們初問世時，都是飽受揶揄的「發明」。畢竟對現代人而言，雨具已是日常必需品，以致很容易忘記它們也曾是剛興起的商品，還備受上層階級批判。

喬納斯・漢威（Jonas Hanway）是十八世紀的商人、慈善家與社會運動家，曾遊歷俄羅斯和中東，回英國時帶了許多寶物和稀罕玩藝，也把一些具革新意涵的概念，例如傘的潛在功用，傳播給社會大眾。漢威在旅途中見過波斯人撐傘遮陽，回到倫敦後，又發現傘可用來擋雨，避免衣褲與假髮被淋溼。不過，他對傘的滿腹熱忱令多數倫敦人覺得太過特立獨行，甚至認為被冒犯。漢威常在街上引來好奇的瞪視、疑惑與騷擾，卻仍一生堅持撐傘。直到他去世，人們才慢慢認同他的做法。

在法國，雨傘和陽傘產製於十八世紀初期如火如荼展開，而英國至少還得等半個世紀，才跟上這股熱潮。一位在一七七二年造訪倫敦的法國人指出，「倫敦人規定不用我們的塔夫綢傘（taffeta）或塗蠟的絲傘，也不允許外國人使用。」至於優秀的倫敦人如何執行這項政策，則未清楚說明。

但即使在法國，傘也未必討喜。一八八三年，法國藏書家、作家奧克塔夫・烏尚（Octave Uzanne）在《陽傘、手套與暖手筒》（*The Sunshade, the Glove, the Muff*）中提到，「一八三〇年代的型男派（dandyism）人士，佯稱攜帶拐杖需要特殊技巧，卻排斥傘，認為那違反了真正的優雅。於是傘成了鄉巴佬的專利，是老頭子或老太太才用；唯有不奢望自己有魅力的人，才能忍受手裡有一把傘。」法國小說家巴爾札克（Honoré de Balzac）曾對傘發表過一句名言，他稱傘是「拐杖與兩輪帶蓬馬車生下的雜種」。[2] 一七六八年，法國歷史學家馬基斯・卡拉齊奧里（Marquis Caraccioli）評論法國時尚時寫道：

1 這款雨衣是以蘇格蘭化學家查爾斯・麥金塔（Charles Macintosh, 1766 ~ 1843）命名，麥金塔為防水布料發明人。

2 克勞福等人指出此句摘自《過著優雅人生的方法》（*A Treatise on Elegant Living*〔1830〕），但筆者閱讀時並未在其中發現這句話。

> 出門一定帶傘的習慣已行之有年，寧可忍受不便，把傘夾在腋下，六個月頂多使用六次。然而有些不願被歸類為老粗的人，甘願冒著淋溼的風險。

這些「老粗」聚集到英國是後來的事了。一則軼聞恰好說明了這情況：一七八〇年代初期，一位約翰・詹米森博士（Dr. John Jamieson）帶著一把巴黎式鵝黃大傘穿過格拉斯哥，引起騷動，招來民眾跟隨他穿過大街小巷。

在漢威不顧世俗眼光率先使用雨傘之後，神職人員成為第一批撐傘的人。原因或許是他們早已習慣用舊式大傘為教堂墓園的送葬者遮雨；克勞福指出，也可能是因為「他們的衣服可確保不受惡言相向」。

確實如此嗎？以下摘自希拉蕊・曼托（Hilary Mantel）於一九九八年發表的小說《巨人歐布萊恩》（*The Giant, O'Brien*），背景為一七八〇年代的倫敦，透露出不太一樣的情況：

> 那天晚上九點三十分，天空仍有光線，但已開始下雨。蹲伏在窗戶邊的臭婆娘瑪麗

驚聲尖叫；眾人蜂擁上前查看，只有巨人例外。幾秒鐘後，克拉菲、皮布斯與詹金下樓出門。

「怎麼回事？」巨人說……

「是個英國人」，瑪麗那婆娘說，「走在有根拐杖的頂篷下。」

「是傘」，喬百無聊賴地說。「學徒討厭傘。因為撐傘的是神職人員，以及更囉嗦、神經質的老人，傘容易成為目標……男孩們喜歡在後面扔石頭，追逐這些人，把他們頭上的頂篷搞垮，渾身溼透。」

放眼世界，英國陰雨綿綿的程度肯定名列前茅。但英國人竟花上這麼漫長的時間才接納傘，作為日常裝備（這種說法相當接近事實），令許多作家訝異。製傘者威廉．桑斯特就曾納悶，「為什麼有這麼多缺德的荒謬之詞，鋪天蓋地噴向對人們盡心盡力的傘上或傘柄上……傘到底有何可笑之處？」一百六十年後，巴內特認為，「很難相信，人們曾經唾棄傘……那就像」，她沉思道，「上帝不希望傘糟蹋祂賜予的創造物。」

這樣的宗教理由的確不假。克勞福指出，倫敦人確實批評漢威「蔑視上帝下雨的目的，顯然就是要讓人淋溼」。也有關於肉體的因素。《巨人歐布萊恩》的惡婆娘瑪麗鄙夷撐傘者，稱那群人「認為雨水會穿透他們的皮膚，稀釋他們的血液」。桑斯特說，那些撐傘的人被當成是「對健康念念不忘的老頭兒」；以史蒂文森的話來說，則是「有慮病症，牽掛自己健康，或是只擔心衣服的吝嗇鬼」。

馬車伕則覺得受到傘的威脅：要是每個行人都撐傘，他們不就賺不到錢了？[3]同時，愛批判的卡拉齊奧里看不起用傘的人，認為撐傘「證明他沒有馬車」。一位名叫約翰·麥唐諾（John MacDonald）的英國步兵，在一七七〇年的回憶錄中寫道，他因撐著絲質雨傘走在街上而飽受騷擾。「法國人，你怎麼不搭馬車哪，Monsieur（法語：先生）？」兩千年來，人們多使用披風與上油的斗篷擋雨，因此傘這種新奇的發明可說是一點也不受當時社會的信賴。這些撐傘的人自以為是誰，竟然藐視天空？這不等同於公然在街上昭告世人自己多吝嗇？或從另一個角度來看，撐傘人裝什麼闊，使用有遮蔽的運輸工具，那不是富人才用得起的嗎？

沒有多少事物能超越人們賦予它們的意義，傘也不例外。曾經有很長一段時間，人們在生活中恰當的用傘時機，僅限於雨天往返於建築物和馬車之間，或葬禮時為墓園送葬者遮雨。當時光是婦女撐傘，就足以讓男性對傘裹足不前，以免被認為沒有男子氣概（詳見後文）。

人們對於新觀念的抗拒，更延伸到雨傘以外，連麥金塔雨衣與後來出現的雨刷都曾受到批評。《維多利亞古玩雜誌》（*Victoriana Magazine*）一篇文章的作者露・卡佛（Lou Carver）指出，一七九七年，約翰・海特林頓（John Hetherington）戴上全國第一頂禮帽時，在街上引來的反應很極端，因此這不幸的先生被逮補，罪名是戴了「有閃亮光澤的高大物體，刻意驚嚇膽小者」。他的帽子引來所有人的目光，女性昏厥、孩童尖叫、雞犬不寧，甚至有個跑腿的男孩跌倒，摔斷手臂。然而四十年之後，沒有一位紳士不戴禮帽。

在十九世紀，早期氣象預報的誕生過程也極為類似。海軍上校羅伯特・斐茲洛伊（Robert FitzRoy）率領獵犬號（HMS Beagle）出航，達爾文也曾搭上那艘船。巴內特指出，斐茲洛伊被指派建立英國氣象局時，其實英國尚未做好準備。他的工作是觀測

3 桑斯特說，這就像倫敦東區開始出現馬車時引發船伕反彈的翻版。那些船伕靠著在泰晤士河擺渡過活，主張人就該「靠著河往返各地，而不是在路上走」。

降雨和溫度計的數字，預測未來天氣模式，避免一八五九年皇家特許號暴風（Royal Charter Storm）兩百艘船沉沒與超過八百名水手淹死的悲劇重演。然而這項足具開創性的任務遭到嚴重詆毀，幾年後，斐茲洛伊自殺。儘管導致他死亡的因素很多，包括長期飽受憂鬱症之苦，但巴內特指出，他的自殺讓大眾更確信「『預報』（forecasting，斐茲洛伊創造的詞）是不道德的偽科學」，接下來十三年，英國也禁止天氣預報[4]。

這麼看來，對傘的反感顯得可愛多了。

然而，對於新事物的憎惡是難以撼動的，有時傘更涉及了寒酸、凌亂與貧窮等概念——簡言之，就是下層階級。《格列佛遊記》作者強納森．史威夫特（Jonathan Swift）在一七一〇年寫了一首詩〈城市陣雨即景〉（*Description of a City Shower*），描寫勞工階級的婦女緊握著傘，而有錢的婦女在店內躲雨：

雨接連落下，匯聚成洪水，
彷彿將淹沒虔誠的城鎮：
濕淋淋的婦女蜂擁進商店，

假裝討價還價，實則不打算掏腰包。
律法學生衣著時髦，然而雨不停歇，
她停留在此，似乎想招一輛馬車。
捲起衣袖的縫衣女工，匆忙行走，
滂沱雨水從她的油傘側面滑落。

說到傘這個主題，最滔滔不絕的莫過於狄更斯。狄更斯常在作品中，描寫傘與用傘人。在一九七三年出版的《暴力塑像：狄更斯的意象研究》（*The Violent Effigy: A Study of Dickens' Imagination*）中，文學評論家約翰・嘉里（John Carey）闡述了傘作為社會指標的角色，「書中鉅細靡遺描寫傘狼狽不堪的模樣，以致用傘人立刻淪為下層階級」。狄更斯在一八四三至四四年曾發表連載小說《馬丁・翟述偉》（*Martin Chuzzlewit*），小說裡提到一名護士莎拉・甘普（Sarah Gamp），雖是小角色，卻相當

4 所幸美國沒有那麼多疑慮。巴內特指出，在一八七〇年代，氣象預報任務由戰爭部負責。

知名。作為護士的她一點也不專業，而且懶散、貪婪、酗酒還極度自戀，這樣的形象因她隨身攜帶的傘而更強化：「一把大型直傘，顏色像褪了色的樹葉，頂端不過鑲上一塊鮮豔的藍色圓布」。一如甘普太太本身，這把傘粗製濫造，並不細膩：

> 這把傘尤其難纏，斑駁的黃銅噴口好幾次在不該破裂的地方朝外戳出，令路人驚慌不已。甘普太太急著想幫她的動產找個庇護，因此常移動它。短短五分鐘的過程裡，她彷彿擁有的不是一把傘，而是五十把傘。

而且，可以合理懷疑傘確實會影響路人的安危：

> 湯姆從碼頭望過去，如絲挽著他的胳臂。他沒注意後面有個老婦人帶了一把大傘，而且不知如何撐傘。那巨大的工具有個彎勾傘柄；湯姆之所以發現老婦的存在，是因為喉嚨被傘一撞，壓得他氣管發疼。他好脾氣地擺脫傘的追撞，卻感覺背後被傘頂住；不久之後，傘柄又勾住他腳踝；在他帽子周圍晃，像大鳥一樣拍打他；最後，傘戳到他肋

帶著傘的甘普太太。

骨，疼痛不堪，令他不得不轉身稍作抱怨。

「甘普」（gamp）沒多久就成了一種流行語，不僅僅指「傘」，也指「護士」。博文在〈狄更斯的雨傘〉中提到，「護士與傘進入中產階級的家庭，原本是要提供保護，卻帶來反效果。就像魯賓遜，甘普太太也從書頁上進入日常生活的語言」。

在《馬丁．翟述偉》的其他篇章，主人翁和友人馬克．泰普利（Mark Tapley）前往美國，尋找可投機發財之地。一位叫喬克將軍（General Choke）的人遊說他們，把資金投往一塊糟糕透頂的土地。這位將軍有一把傘，恰好是個逗趣又鮮明的線索，讓讀者間接了解其人格：

「先生，我在這兒。」將軍說，把傘舉高，代表自己；這把傘看起來像惡棍，很難代表他透過英鎊硬幣展現的善意；「我在這兒，頭髮灰白，有道德感。我秉持原則，若不認為此處能帶給弟兄滿滿的希望與機會，我豈會投下資金？」

過了幾個月，希望與機會漸出疾病和絕望取代。幸好馬丁與馬克保住小命，逃過一劫。它們心想，要是早點注意到那把傘就好了。

現實中有個好例子，恰好說明了傘所兼具的破壞性與不名譽的特質——希奧多拉．葛蘭（Theodora Grahn），她是十八世紀晚期、一位跨性別人士。希奧多拉自稱維迪翁男爵（Baron de Verdion），食欲奇大。一本耐人尋味的刊物《科比氏奇妙科學博物館，或奇人異士雜誌》（*Kirby's Wonderful and Scientific Museum, or, Magazine of Remarkable Characters*）曾如此描述希奧多拉：

> 非常奇特之人。戴著高大的帽子，頭髮蓬亂，穿靴子，拿手杖，無論任何天氣都帶傘。她永遠把手放在背後，拿著一把傘。

這段描述彷彿還不夠苛刻。其出處是一段簡短的傳記，傳記中訴說她如何費盡千辛萬苦，對抗那些想揭開她「實為女性」真面目的男性。其中一次攻擊實在相當侮辱人，使得這位男爵必須從故鄉柏林移居倫敦。正如克勞福指出，雨傘在名聲不佳的時代，若與當時堪稱激進的人有所牽連，更無法改善傘在英國保守社交圈的地位[5]。對於傘的鄙夷深入社會各階層，這不僅僅肇因於社會風俗，或如巴內特所稱「卡在風俗泥淖」的英國人。傘要能得到世人廣泛接納，得先改變兩個具體因素：

首先是街道的狀態。桑斯特的著作中有段文字極具啟示。漢威的傳記作家普伍（Mr. Pugh）描述在倫敦街道廣為鋪設石板路之前，一般人走在大街上的觀感[6]。他指出，「那種不便與汙穢的場景，實在很難傳神地表達出來」。街道上有許多商店招牌從建築物朝外延伸，參差不齊；它們為了避免重疊讓行人看不到，卻也擋住了所有人的視線。有些步道很窄，一次僅能一人通行，即使如此，有時還會被沿著車道分立的柱子給擋住：

趕時間的人或許無法忍受前面那位先生的悠閒步調，遂從兩根柱子中間的空隙穿過，來到車道上，想要超越那位先生。當他發現危險迎面而來，想回到有柱列保護的範圍內，卻發現柱子頂之間有圍欄相連，迫使他得回到先前的凹入處，或攀爬到圍欄上，或鑽進圍欄下。如果他夠幸運，身上只會留下汙漬，而不受傷。

如果怕走在馬車道上太危險，就得在人行道上超前別人；要是別人不肯相讓，「這段路程恐怕會讓行人大打出手」。普伍仔細描述，「有個倒楣的女子，在颳風時停在一面巨大的老舊招牌下。那招牌用鉛與鐵打造，就這樣在她頭上擺盪著……或許只要一陣暴雨，汙水就會從突出的出水口瀉下來」。除了道路上方與兩側五花八門的障礙物，當時還流行有裙箍的襯裙，行動更是不便，因此也不能責怪人們懶得帶傘，增添麻煩。

不過，早期傘之所以遭到鄙夷還有另一種更好的解釋——傘本身的問題。狄更斯或許溫和地嘲諷甘普太太在公寓裡把傘視為「昂貴的寶貝，放在格外顯眼處讓人欣賞」，但在當時，傘的價格高昂，卻沒有良好的品質，也沒多少場合用得上。在福克斯先生率先開發鋼質傘架以前，傘用鯨骨打造，重量很重，撐起來相當吃力。傘骨並非鎖在中棒上，而是用鐵絲綁著，因此很容易解體。此外，使用後如果沒能好好晾乾，鯨骨很容易

5 《科比氏奇妙科學博物館，或奇人異士雜誌》第二卷可在線上免費閱讀。關於維迪翁男爵的描述就占了好幾頁篇幅，相當精采。

6 接下來的段落出自美國《克萊德與布萊克製傘廠及其歷史》（*Clyde and Black Umbrellas and Their History*〔1864〕），書中幾乎字句原封不動照抄，只是未提到出處，而以紐約取代了倫敦！

裂開。另一方面，龐大的棉質傘布雖以防水蠟或油塗過，淋過雨後還是會濕透，收傘後就得濕漉漉地夾在腋下。早期的傘比較像略有結構的樹枝，由沉重的棉布料所包覆，和現代的傘差異相當大。

撐著這麼不實用的大傢伙，肯定在天氣惡劣通過擁擠街道時吃足苦頭。一八〇一年，約翰．舒特．鄧肯（John Shute Duncan）推出一本廣受歡迎的小冊子，名為《給拐杖與雨傘使用者的提示》（*Hints of Bearers of Walking Sticks and Umbrellas*），揶揄了大街上最糟糕的撐傘行為。有些諷刺漫畫至今看起來仍可理解；試想要把以前的雨傘舉起來多辛苦，傘骨要排整齊、傘布淋溼時多重……如此多少可以體會早期撐傘者（及其市民同胞）所面對的巨大障礙。

鄧肯模仿生物分類法則，把撐傘者「界」分成幾個「門」：以傘為盾者（把傘放在自己的前面，完全擋住頭與身體）；一傘擎天者（經過其他撐傘者時，會「把他的傘朝天舉高，較矮的人撐的傘鯨骨尖端會刺到較高的人」）；挖泥者（經過其他撐傘者時，「把傘往地上拋，阻礙通道」）；還有倒置者（「那些粗心者讓傘的內裡迎風，導致傘開花裂開，又常笨手笨腳地設法恢復原狀，擋了許多趕時間市民的路」）。

一傘擎天者與以傘為盾者較勁。

其他人或許沒對旁人造成太大危害，卻讓自己陷入危機：

自我折磨者……通常是一己疏忽的最大自作自受者。可憐的斯賓布蘭……在滂沱大雨中撐開傘，前往利登賀街（Leadenhall）。他忍不住想轉頭瞥看印刷廠的窗戶，雨水卻從他頭上的滴水嘴，宛如飛瀑奔流而下。他不慎把傘傾斜，傘蓋緊靠在背上，只見大水流入衣袋。

鄧肯在這裡責怪的是撐傘者，而不是傘。莎拉・佩里（Sarah Perry）在二〇一六年的作品《艾賽克斯之蛇》（*The Essex Serpent*）中，以十九世紀中期的英格蘭為背景，兩位女主人公步行經過科赤斯特鎮（Colchester）時，肯定沒料到傘「只是讓小雨更快淋溼大衣領子」，違背撐傘的初衷。

所幸，傘總算有了進展。光是一八五五年，傘的設計與生產就出現超過三百項專利申請。除了這些專利，自一八五五年之後，材料與科技也有大幅的進展，現代的傘終於面世：百分之百防水、輕盈，小巧得可收進手提包裡。

然而傘在大眾心目中的角色還是起起落落，最不名譽的例子就是來自二十世紀的英國。一九三七到四〇年的英國首相張伯倫（Neville Chamberlain）是個傘不離身的公眾人物，他在二次大戰前夕，聲望從雲端跌落谷底。他的傘十分引人矚目，是把漂亮的黑傘，由湯瑪斯．布利格（Thomas Brigg & Sons）生產，即今天倫敦市中心的史萬．艾德尼．布利格（Swaine Adeney Brigg）傘行前身。這把傘就像柴契爾夫人的手提包或邱吉爾的雪茄，是張伯倫的標準配備。歷史教授大衛．康納汀爵士（Sir David Cannadine）在廣播節目「張伯倫之傘」（Neville Chamberlain's Umbrella）[7]解釋道，這把傘象徵的，即是張伯倫在戰前英國詭譎氣氛中所代表的一切：

> 對支持者而言，張伯倫和他的傘一樣可靠、值得信賴，而他在一九三〇年代晚期，致力於對獨裁者採取綏靖政策，乃是確保和平的唯一方式，避免德國炸彈如雨點般落在英國城市。

7 此處相關資訊多來自於這集節目——如果你有十五分鐘，很值得親自聆聽。

…y striker A Mud-Scooper

傘開花的人對抗風，而挖泥者絆倒了粗心的一傘擎天者。

Inverters 5

康納汀在描述張伯倫時，把他描述得人如其傘：「嚴肅拘謹，緊緊捲起」，但這些充滿疑慮的特質，並未減少人民在張伯倫簽訂《慕尼黑協定》後對他的讚賞，人們咸認這項協定能避免戰爭。張伯倫獲得了數不盡的禮物（當然包括不少雨傘），而英國、美國、印度與整個歐洲的雨傘銷量也大幅增加。傘占據了大眾想像：倫敦到處看得到商店櫥窗展示著糖果傘，巴黎還出現一種新的舞蹈，舞者伸出傘柄勾住選定的舞伴。一時間，傘被稱作「張伯倫」（Chamberlains）。

當時流行一則笑話，說張伯倫該寫一本《我的雨傘》（*Mein Gamp*），以回應希特勒的《我的奮鬥》（*Mein Kampf*）；有酒館甚至推出稱為「雨傘」的調酒來歌頌張伯倫。康納汀說：

> 張伯倫的傘已然化身為神奇的橄欖枝，比刀劍還驚人，儼然是勝利的象徵。

然而這股對傘的吹捧熱潮畢竟是曇花一現。不久後，政治風向逆轉，《慕尼黑協定》被拋諸腦後，歐洲陷入戰局。張伯倫的聲望一落千丈，成為眾矢之的，他的傘也隨之遭到鄙夷。希特勒把張伯倫看成「帶傘的笨老頭」，諷刺那曾經偉大的大英帝國所提出的「雨傘和平主義」，而英國大眾的反感接踵而至。康納汀繼續說：

> 張伯倫的傘不再是正派、誠實與善意等備受讚譽的象徵，而是飽受揶揄，代表著他古板、鄉巴佬，天真容易受騙。他的傘原本象徵的高尚力量，此時卻令人聯想到自以為是的缺點。

更諷刺的是，希特勒把一九四〇年轟炸張伯倫故鄉伯明罕的行動，稱為「雨傘」（Regenschirm）。

短短幾個月，張伯倫的傘從寶座被打入冷宮。或許再也沒別的傘能歷經讓人如此震撼的轉折。不過，至今人們在書頁間仍可看到聲名狼藉的傘——無論是矮巨人手中的破爛工具、被社會歧視的女性隨身配件，或是兩名令人反感的中產階級人士衝突的原因，傘依然與階級、社會汙名和禮儀緊緊交纏著。

二〇一四年，艾瑪．希莉（Emma Healey）的暢銷小說《伊莉莎白不見了》

（*Elizabeth Is Missing*）中，主角茉德（Maud）回想起住在附近的「瘋女人」，這瘋女人有許多特徵，其中之一就是傘：

> 她總是帶著一把傘，那破破爛爛的黑色物體，半開半收，宛如一隻受傷的鳥。她用傘來阻擋公車，站在公車前揮舞著傘，之後她會掀起洋裝，露出底褲。據說那是因為在戰前，她的女兒被公車撞死。眾人竊竊私語，或私底下開玩笑，但如果你提問，別人會叫你安靜，別問東問西，離她遠一點，彷彿她有什麼傳染病似的。

瘋女人嚇壞了茉德：她用傘攻擊茉德，在街上追逐她，設法傳達言語之外的神祕訊息。直到瘋女人在小茉德家前被車撞到時，突然間不再嚇人了，她「縮成一丁點」，部分原因也在於她沒了武器，「甚至連傘都沒了」。瘋女人的傘與令人不安的個性緊密相連，因此傘出現在另一位登場人物的房間時，不禁讓茉德懷疑那人是殺人凶手。一九四八年，如斯．帕克（Ruth Park）的《南方豎琴》（*The Harp in the South*）也把瘋狂、母性與傘聯繫起來，呈現在「凱西姑媽，她有八個孩子，把教堂的柱子當丈夫，之後發瘋，裸體撐傘，跳起莎樂美之舞」。

一九九七年《哈利波特：神祕的魔法石》（*Harry Potter and the Philosopher's Stone*）中，作者J．K．羅琳（J. K. Rowling）寫了一把搶眼的傘。哈利的姨丈威農．德思禮（Vernon Dursley）是一間公司的老闆，象徵著日子過得舒舒服服的中產階級，而且「最正常不過，託福託福」。他和妻子佩妮住在乾淨整潔的街上，把兒子達力送到私立男校，給他一大堆昂貴的禮物。他們的外甥哈利的髮型「總是披頭散髮，雜亂不堪」，還有難以控制、讓怪事發生的天賦，成為德思禮一家完美有秩序的生活中，令人坐立難安的一根刺。

打從一開始，《哈利波特》系列就把魔法描述為擾亂秩序的事物。「大白天，成群的貓頭鷹飛過天空，人們穿著七彩的長袍，興奮地聚集在街上，流星雨照亮夜空。」隨著故事進行，讀者能看到魔法世界千奇百怪的角色。好戲在哈利的十一歲生日那天早上登場。一位身材魁梧、名叫海格的半巨人闖入屋裡，拿著一把破傘恐嚇威農．德思禮：

「小子，你現在給我聽清楚」，威農姨丈怒吼，「我接受你有點怪裡怪氣，說不定好好揍你一頓就會變好……至於你的父母，哎，他們是怪胎，沒什麼好否認……世界上少了他們比較好……」

海格從沙發上跳起，從外套裡抽出一把粉紅色破雨傘，像劍一樣指著維農姨丈。他說：「我警告你，德思禮……你再說一個字……」

差點被大鬍子巨人的傘尖戳穿的威農姨丈又洩了氣，再度靠到牆壁，不發一語。

《哈利波特：鳳凰會的密令》（*Harry Potter and the Order of the Phoenix*）中也提到，在古里某街十二號山怪腿傘架，像在提醒人，巫師的世界對於魔法生物與麻瓜（沒有魔法的人類）有嚴重的歧視。

英國劇作家、小說家哈尼夫．庫雷西（Hanif Kureishi）於一九九九年發表的短篇故事〈傘〉（*The Umbrella*）中有個不堪的場面：一對分居的夫妻爆發口角，那是個下雨天，男主人帶著兩個孩子回家，他向妻子借傘，而拒絕離婚的妻子當場拒絕借給他，他盛怒之下強行進屋（害她撞到頭，若以足球的術語來說則是「假摔」），並從櫃子上搶走一把傘。之後她打他。當然，這故事並非在談傘，而是一個男人對妻子打從「心智與情感上的深刻憎惡」，以及他想要「澈底摧毀」她，而傘就成了避雷針。確實是聲名狼藉之物。

英國自古以來對雨傘的偏見令桑斯特備感不滿，多年過去，依然可以感受得到人們對傘的偏見。桑斯特堅稱，傘遭受到「最不堪」的對待，「簡直是可恥的忽視」。查理・康納利（Charlie Connelly）在二〇一二年的《給我陽光》（*Bring Me Sunshine*）中談到英國天氣多變的迷人之處，也呼應桑斯特的看法，「傘無私地發揮功能，但我們如何對待傘呢？把它們留在公車、火車、酒館裡。」如果聽到這兩位人士的說法，很難不認為傘是有感覺的。從某方面來說，傘確實有感覺，畢竟傘具有多重且極端的意涵，是一種極為神祕的存在——不只象徵君王的尊貴地位、奴隸貿易與蒙兀兒皇帝，也不僅僅意味著持有者身分的低微與聲名狼藉。

羊男吐納思先生與露西，第一次共撐一把傘。

第三章

庇護、影子與盾牌

Shelter, Shadow, Shield

目前為止，我們見到傘涵納各種社會意義，與主權、社會地位、階級、收入或國族都有關聯。這些意義附著在實質的物體上，從傘柄（鸚鵡頭、「彎的」或「球形的」）、傘蓋（飾以珠寶、大而潔白，或是接縫綻開），以至傘頂（破爛的噴嘴與探針尖）都包括在內。然而，另一層意義和傘本身的關係較淺，和功能的關係較深——也就是保護。傘是介於使用者和天空之間的盾牌，傘的影子也是一道避難所。

非洲作家裘瑟．艾杜瓦多．阿古瓦盧薩（*José Eduardo Agualusa*）在《遺忘的通論》（*A General Theory of Oblivion*〔2012〕）中，筆下的主角盧朵維卡（Ludovica）很清楚這一點。她害怕任何開放空間，若天空與自己之間能有一把傘隔開，才能鬆一口氣：

盧朵維卡不喜歡面對天空。她還是小女孩時，空曠處令她恐慌。她一離開屋子，就覺得好脆弱，宛如殼被拔掉的烏龜。她還很小的時候（大概六、七歲），無論天氣好壞，少了一把大黑傘的保護，就不肯上學。

她極度渴求遮蔽的欲望，在多年後的某個事件中完全凸顯出來。她認為整理花園時帶著一把傘實在太礙手礙腳了，於是以逗趣的替代方案取代撐傘：

剛獨居的前幾個月，盧朵到陽臺上時鮮少不撐傘。後來，她改用長型紙箱。她把紙箱戴在頭上，在眼睛的高度把紙箱戳兩個洞，讓眼睛可以看出去，又在下方兩側也開兩個洞，讓手可以伸出去……若從另一棟建築物差不多高的地方望過來，只會看到一個大箱子到處移動，探出頭，又縮回去。

這讓我們想到陽傘的重要層面。歷史上的雨傘學者（並非都是維多利亞時代的帝國主義者）與時尚圈，莫不費心區隔雨傘和陽傘，尤其當牽涉到性別時（詳見後文）。這很耐人尋味，因為正如我們所見，雨傘是從陽傘演變而來。兩者固然不同，有時連最好的陽傘也無法擋雨，但傘的形狀與結構，基本上是為了抵擋某個**東西**。至於要擋掉什麼，重要性則不如傘給予遮蔽、提供陰影的功能。

話雖如此，有個重要的意義和雨傘關係密切，且過於緊密到讓人幾乎視而不見。

請保持本書乾燥。

目前為止，我們只旁觀這個意義：雨。沒有任何事物像雨傘一樣，意義和雨緊密相連。「記得帶傘」這句話，後面常得加上「可能會下雨」才完整。如果在箱子上看見傘的符號，大多數人都會明白其意含：別讓箱子潮溼——這是個很漂亮的邏輯顛覆，亦即要維持乾燥之物，卻暗指著潮溼的環境。

艾倫．亞歷山大．米恩（A. A. Milne）的《小熊維尼》（*Winnie-the-Pooh*〔1926〕）中，可愛的主角在〈小熊維尼和蜜蜂〉（*In Which We Are Introduced to Winnie-the-Pooh and Some Bees, and the Stories Begin*）這則故事裡，就玩弄這項邏輯翻轉。維尼瞥見高高的樹上有個蜂巢，發想了一個大膽的計畫，

來補充食物櫃的蜂蜜：他打算把全身沾滿泥巴，再拉著藍色的氣球往上飄，假裝自己是遮住藍天的烏雲。不過，他的計謀沒能得逞：

「克里斯多福．羅賓！」維尼以氣音大聲說。

「哈囉！」

「我想蜜蜂可能在**懷疑**！」

「懷疑什麼？」

「不知道。但他們看起來起了疑**心**！」

「或許他們認為你想偷蜂蜜？」

「可能是。蜜蜂很難捉摸的。」安靜了一下子之後，他又朝下方喊。

「克里斯多福．羅賓！」

「怎麼了？」

「你家有傘嗎？」

「有吧！」

「請把傘帶來，在這裡走來走去，三不五時抬起頭說：『嘖嘖，好像要下雨了。』這樣的話，或許更能騙到蜜蜂。」

珍・奧斯汀（Jane Austen）寫於一八一七年的《勸服》（*Persuasion*）中，溫特沃斯上校（Captain Wentworth）則是透過雨傘意義的文化默契，對他所造訪的英國城市開了個小玩笑：

溫特沃斯上校……再次轉向安，雖然沒開口，但模樣是準備要為安效勞。

「非常感謝你，」她回答，「不過……馬車坐不下那麼多人。我走路，我喜歡走路。」

「但下雨呢。」

「噢！雨很小，沒關係。」

停頓片刻後，他又說，「雖然我昨天才到，卻已經做好前來巴斯的準備，妳瞧，」他指著一把新傘，「如果妳決定走路的話，希望妳能好好利用。」

我敬愛的祖父深諳莫非定律，遂稱自己的雨傘為「乾旱拐杖」——每回以為會下雨，帶著傘出門，就一定不下雨。無獨有偶，史蒂文森在一八九四年的說法所見略同。

雨傘有個相當重要、且十分怪異的特質——影響大氣層。在氣象學中，恐怕沒有這般確鑿的事實，甚至可說是氣象學家唯一同意的事實：帶傘會讓空氣變乾燥。如果把傘放在家，就會產生大量水蒸氣，累聚成雨。

英國雨傘史上有個很奇特的現象：「傘」這個字及其意義的出現，似乎遠早於它本身。克勞福指出，「最早在文章脈絡中運用『傘』這個字」，來自一六〇九年英國詩人、神父約翰．當恩（John Donne）寫給亨利．古德爾爵士（Sir Henry Goodyer）的信：

吾輩大可平靜。若受豐盛或榮耀燒灼或融化，則可回歸軀體之世俗洞穴沉思與冷靜；若覺寒冷，陷入低落陰暗的命運，然內心亦有靈魂之炬，比外在更明亮溫暖。是故，吾輩乃是一己之傘，一己之陽。

克勞福指出，這段文字就和其他早期文獻一樣，「傘」這個字的功用是「象徵任何形式的庇護與保護」。直至今日，這個字仍有這功用。除了字面意義之外，《牛津英語辭典》（*Oxford English Dictionary*）也列出傘的各種定義：

2a. 遮蔽或保護的方法

b. 隔離、偽裝

6b. 作為統整或統一的行為；遮蓋或保護許多東西；涵蓋許多意義或概念的字或名稱；整體，無所不包。

過去分詞：

umbrellaed：有傘之類的東西保護或遮蓋；獲得雨傘

努特、蓋布與舒：傘狀的宇宙觀。

雨傘和庇護、保護的關連，幾乎和傘的歷史一樣古老；過去曾附加在傘上的宗教與神話意涵，至今依然蘊含其中。

古埃及最古老的神祇之一，是天空女神努特（Nut）。她不僅代表天空，本身就是天空：她從腳趾到手指伸展成巨大的蒼穹，橫跨於大地之上，身體滿布星斗。她的兄長蓋布（Geb）是大地之神，兄妹的父親舒（Shu）必須確保兩人不會相碰，因此一手撐著努特乳房，另一手撐著她的大腿。正如克勞福指出，這麼一來，他們就像大如宇宙的傘，而這組畫面經常出現在石棺上。

因此，傘用來遮擋古埃及君王時，不光是提供遮陽，也象徵蒼穹在國王頭上延伸，凸顯國王的神聖地位。國王傘下「遮蔭」也有象徵意義。傘研究者對於這象徵意義持有不同見解：克勞福指出，傘影代表了國王的庇蔭；畢卓特則認為代表國王的力量不僅及於子民，也能影響太陽。只要傘在其他地方投下影子，就能奴役或奪去身邊的人的性命。無論傘是慰藉或無情、是保護或懲罰，皆深刻象徵並彰顯出國王的權力。在印度，梵文作家迦梨陀娑（K lid sa）曾在作品《沙恭達羅》（*The Recognition of S akuntala*）中，描述國王豆扇陀（Dushyanta）：

> 如何悉心治國，令君王相當苦惱。他樂於見到國泰民安，然而民眾的福祉猶如一把大傘，傘下的人能得到遮蔭，但撐傘的人感到疲憊。君王就像枝繁葉茂的大樹，頭上頂著陽光，以廣大的樹蔭為那些在他底下尋找庇蔭者，舒緩炎熱。

即使到了今天，英國君王在塗油禮時，仍會以華蓋遮擋，是加冕典禮上最神聖的時刻。克勞福說，這種做法和埃及的信仰有直接關連——華蓋、王權與神聖的一體性。的確，傘在基督教也有一席之地。西元八世紀，傘與天主教教會扯上了關係。中世紀教皇遊行時，一旁會有人為他撐起華蓋。十五世紀，教宗的王位徽章上就有傘和交叉的鑰匙。

中國人也用傘代表宇宙。根據儒家經典，戰車的遮陽「蓋」就描繪著宇宙本身：傘柄代表宇宙的軸心，二十八根輻射狀傘骨代表二十八星宿。因此周王用華蓋遮蔭時，就代表他無所不能。

佛教傳統和傘亦有密切關係。傘蓋是佛陀八寶之一，有吉祥的意涵。在描繪佛陀的畫作中，有時會出現傘蓋。同樣地，早期佛教的雕刻中，會看到傘出現在一道空蕩蕩的空間上方。這表示佛陀的存在是看不見的——類似在會幕前燃燒的光，代表基督教的神始終存在。傘蓋與佛教的關係密切。佛教進入歐洲之前，先從印度傳到中國與東南亞，鞏固了傘在宗教上的意義，使之廣為流傳。本生故事（Jātaka tales）是印度文學的一部分，列出佛陀多次修行轉世的故事，曾描述梵天在佛陀誕生之後，為他撐起一把白色傘蓋。西藏寺廟的祭壇上方會掛著巨大的絲質傘蓋，而大乘佛教與密宗的大白傘蓋佛母，能抵抗邪惡與黑魔法。

自古以來，傘的庇護就常與神祇帝王的保護有關。因此邀請別人一起撐傘，不僅僅是善意，更有豐富的宗教與歷史意涵，也讓許多文學作品中的例子更為動人。

福斯特的作品《窗外有藍天》（*A Room with a View*〔1908〕）中，露西．霍尼徹奇（Lucy Honeychurch）在義大利度假時發生了一段意外插曲，致使劇情起了轉折：在紫羅蘭花田中，一名露西並未給予承諾的男子吻了她，露西道貌岸然的表姊夏洛特．巴特雷特（Charlotte Bartlett）目睹兩人相處，決定拯救露西，遠離災難。露西對男子的情愫或許可以讓她不理會表姊，但是表姊干涉得迅速，加上一場突如其來的暴雨，與表姊相偕撐傘的她十分安心，終使她無力反抗：

> 雨和黑暗同時出現。兩位女士在一把不夠大的陽傘下蜷縮起身。雷鳴電閃，馬車前座的拉維許小姐緊張得放聲尖叫。又一道疾雷劈下，露西跟著尖叫……但在毯子下，露西感覺到表姊溫暖的手按著她。有時，我們需要同情的手勢，那需求很強烈，致使我們不去在乎背後的意義，或之後該如何償還。巴特雷特小姐及時運用肌肉，得到的效果遠

遠超過數小時的說教或盤問。

顯然在這個階段，要是露西反抗，表姊夏洛特就會說教與盤問；不久後，露西的確也有反抗，畢竟她和表姊並不那麼友好。不過，這會兒她驚慌失措，而一起尋求庇護的行為——不僅表面上躲在表姊的保護傘之下，象徵意義上也是如此——會勝過自己的真正心意。幾個小時後，露西完全臣服於夏洛特的意志：「露西聽話了，在表姊的掌控之中。」

在斯威爾的《白雨傘》中，這把雨傘大肆傳達了B先生的國籍與社經地位，同時象徵著B先生與驢子的關係。經過緩慢艱辛的前進過程，B先生清楚了解任重道遠，令他幾乎打算遺棄那頭驢子，隨牠自生自滅：

他看見一輛巴士要開往巴基斯坦的最大港喀拉蚩。只要到了那兒，就能輕鬆搭機返回倫敦。那一刻，他心中湧現難以抗拒的衝動，想搭上車，把帕芙洛瓦、鞍袋與羊皮留在原地。

然而，片刻過去，他「燃起更強烈的決心，打開白色大傘，縮短韁繩，讓牠更靠近自己身邊一點，一同靠這把傘遮蔭，朝著西邊波斯邊界前進。」B先生把牠帶到自己的傘下，身為保護者的角色終於穩穩確立，不再動搖。

C·S·路易斯的《獅子·女巫·魔衣櫥》（*The Lion, the Witch and the Wardrobe*〔1950〕）充滿基督教的象徵，其中接近「背叛」的一幕，因人物共撐一把傘而達到高潮。那是個夏天，露西·佩文西（Lucy Pevensie）在玩捉迷藏時，於舊衣櫥裡發現一座冰封森林：

> 她站在那兒，好奇為什麼在樹林中央會有一盞路燈，心想接下來該怎麼辦。她聽見啪嗒啪嗒的腳步聲傳來。不久，有個怪異的人從樹林間走出，來到路燈的燈光下。
>
> 他只比露西稍微高一點，撐著一把傘，傘上覆著白雪。他腰部以上像人，腿則像山羊，毛色烏黑光亮；他沒有腳，只有山羊蹄。他也有尾巴，但露西起初並未注意，因為他把尾巴擱在撐著傘的手臂上，以免在雪地上拖行。

羊男吐納思先生確認露西是人類之後，便邀請她回山洞吃頓飯。山洞裡「生著暖暖的火，有吐司、沙丁魚——還有蛋糕」。露西答應了，而羊男請她一起撐傘遮蔽。「若你願意搭我的胳臂，夏娃之女，」吐納思先生說，「我就能撐傘幫咱們遮蔽」。

在這頓飯之後，充滿罪惡感的羊男說出他的大騙局：他本來打算誘拐露西，把她交給白女巫，即統治這塊土地的邪惡女巫。但他於心不忍，遂承諾帶她回路燈下，讓她找到回家的路。「兩人起身，桌上的東西還擺在那兒，吐納思先生又撐起傘，把手臂交給露西，兩人回到雪地中。」回程和初次相遇時的景況明顯不同；這一次，羊男是真心要保護露西。「他們盡量加快腳步，悄悄前進，一語不發，吐納思先生一直在最黑暗的地方。」這次共同撐傘是羊男第一次真正陪伴之舉，接下來幾年，他都會是露西最堅強的友人，也是最信賴的夥伴。事實上，這把傘在故事的開頭起了重要影響。C・S・路易斯一九六〇年在〈一切從一幅畫面開始……〉（*It All Began with a Picture……*）這篇文章中解釋，《獅子、女巫、魔衣櫥》的情節，是從心中的一幅畫面開始發想：「這畫面是在雪地的森林中，有個羊男撐一把傘，拿著包裹。」

狄更斯最私密動人的文字，或許是〈請留下你的傘〉（*Please to Leave Your*

夜逃，羊男吐納思和露西第二次撐一把傘。

Umbrella（1858））。這篇文章以鋒利的文字，思索自我認同（詳見後文），並搭配他「心胸」掛念著如夢般的「小理由」（評論者指出，這個「小理由」是指涉與他熱戀的女演員艾倫・特南（Ellen Ternan））。這篇文章的結尾，是敘事者和他的「小理由」共撐一把傘，靠著他的雨傘庇護：

> 我歸還寄傘存根，拿回雨傘，與我的「小理由」離開，躲在傘的庇護下，彷彿作夢般穿過急急落下的春雨。那天，雨聽起來像即將到來的夏天，發出沙沙的聲響。

博文指出，在文章的描述裡，這是敘事者與小理由唯一的相處（不是在他心中而已）。他也詼諧指出，這是狄更斯作品中少數讓雨傘發揮正常作用的描寫（稍後會談到進一步的用途）。

提供庇護與抵擋，都是雨傘令人讚賞的特質。不過最富意義的，仍是傘的影子，正如先前提到國王傘下的陰影。在古埃及的象形文字中，有個形狀和傘很像的字，意

思可大約翻譯為「影子」。有時這個字用來表示君主，亦即先前提到在國王權力或保護下的影子，但也指一個人的影子（稱為khabit或khaibit）。當時的人相信，影子是一個人再生能力的泉源。肉體若要在死亡後重生，不能缺少影子。

長期以來，傘在許多文化中與死亡的關係密切。印度陵墓建築以傘代表天堂，克勞福指出，印尼婆羅洲人會在去世的酋長墳墓上放一把傘，讓「逝者靈魂保持乾燥」。古印度史詩《摩訶婆羅多》曾描述一場帝王的葬禮中使用陽傘：「般度王失去生命的遺體上擺了許多物品，以拂塵、扇子與陽傘裝飾。奏樂之後，數以百計的人獻上拂塵和陽傘。」佛陀去世時也呼應出生的情況，據說他在西元前四八七年出殯時，遺體以傘蓋和遮陽物覆蓋。非洲亞希拉族（Ashira）的人會在生前準備傘，日後放在墳上。在海岸角城堡（Cape Coast Castle，位於今天的迦納，是跨大西洋的奴隸交易港），一百五十年前墳墓的傘型遮蔽物如今依然可見。

不過，傘帶有影子的含義並未隨著死亡終止，反而繼續通往重生，或在凡間展現必然的結果——生殖。在許多文化中，尤其是印度與古希臘，傘與生育和收穫之神的關係密切。其中最重要的知名例子，是狄蜜特（Demeter）與普西芬妮（Persephone），兩者都與豐收有關。烏贊在《陽傘、手套與暖手筒》中提到，在敬拜這兩位女神的節慶中，婦女會攜帶陽傘與籃子。克勞福指出，普西芬妮象徵植物在冬天死亡，春天重生，因此常以手上拿傘的模樣出現在花瓶上。

希臘羅馬的巴克斯（Bacchus）也是和死亡、重生與繁殖有關的神祇，其信徒也會撐傘。酒神巴克斯的信徒在慶典中相當放浪形骸，因此長期以來傘都被視為具有情慾色彩。這種聯想一直延續到西元前五世紀，那時傘的地位逐漸退居為普通的遮陽物。考古學家瓊恩・朵法（Jean M. Turfa）在〈伊特拉斯坎文明的陽傘〉（*Parasols in Etruscan Art*）中，提到羅馬石棺上「陽光、死亡與結婚的意象」。在其中一個例子裡，阿里阿德涅（Ariadne）與未來的丈夫巴克斯旅行時曾撐著一把陽傘；由於她必須先死，才能達到永生，因此「她的葬禮幾乎等同婚禮」。傘與華蓋在後世許多文化的婚禮中，都扮演著重要角色，新娘、新郎或雙方的頭上會以傘遮蓋，諸如印度、非洲、猶太（採用婚禮蓬罩〔chuppah〕）與英國早期都是如此。

克勞福指出，法文與德文的動詞「用影子遮住」（分別為ombrager與beschatten），都曾指公牛在交配時「罩住」母牛。由此看來，米蘭・昆德拉（Milan Kundera）於一

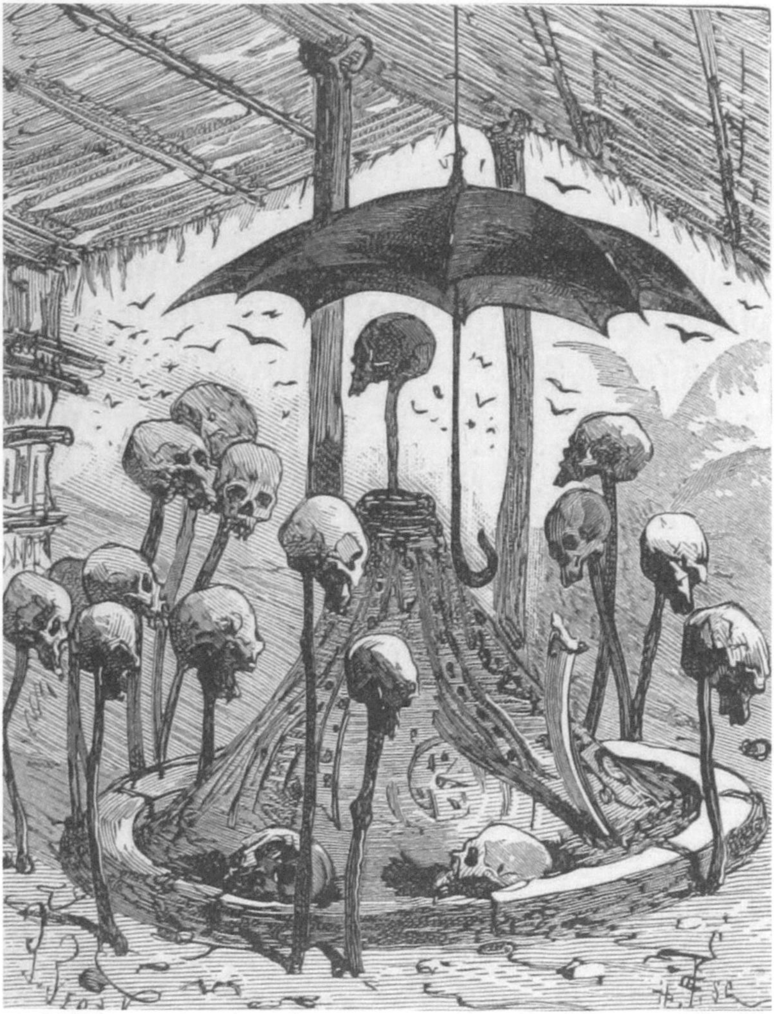

中非一位國王的墳墓。

九八四年出版的《生命中不能承受之輕》中，有一段落相當有趣。作者問：

「重」果真是殘酷？「輕」果真是美妙？

最沉重的負擔壓垮我們，讓我們屈服，把我們壓在地上無法動彈。但在世世代代的情詩裡，女人總渴望承受男人身體的重量。最沉重的負擔，同時也成了生命最強烈實現的形象。

重（缺乏輕盈）與影子（缺乏光）在情慾上的相似程度雖然微弱，卻難以逃避。

如今沒多少人會把雨傘視為性感或浪漫之物，但在歷史上，雨傘卻累積了不少情慾力量。寫下《變形記》的古羅馬詩人奧維德（Ovid），曾在《愛的藝

西元前八世紀撐傘的女子。

術》（*Ars Amatoria*，約西元二年發表）中如此教導男性讀者：

你要替她撐陽傘，
在擁擠的人群中幫她開出一條路。

這在當時算是相當革命性的想法，因為負責幫女人撐傘的是奴隸。英國文藝復興時代詩人麥可．德雷頓（Michael Drayton）的〈繆思樂土〉（*The Muses Elizium*〔1630〕）中，有愛侶把一對鴿子當作傘：

我有一對漂亮的鴿子，
如果你想到戶外去
牠們會溫柔在你頭上盤旋，
幫你清麗的眉遮住陽光；
敏捷的翅膀會成為你的扇子，

寒冷與炎熱都不傷你；
牠們的羽毛宛若傘，
幫你遮擋所有的氣候。

博文認為，狄更斯的傘具有諸多情色意涵，尤其是《尼古拉斯・尼克貝》（*Nicholas Nickleby*）的亨利葉塔・佩托克（Henrietta Petowker），她「知道在劇院中受到喜愛，因為在包廂上方『最堅毅不拔的傘』，像陽具般快活的出現」，以及可怕的瓦克福・斯奎爾斯（Wackford Squeers），他顯然喝醉了，和傘一起上床。博文特別指出，狄更斯筆下許多女子會使用傘的「探測能力」（當然包括護士甘普太太），還引用法國解構主義大師德希達（Jacques Derrida）的《刺：尼采的風格》（*Spurs: Nietzsche's Styles*〔1978〕）之言，指出傘是「雌雄同體的刺……是覆著面紗的陽具」，不僅讓傘在象徵上同時兼具陰性與陽性，也賦予了滿滿的性能量。博文指出，狄更斯最了解性的女子，會在裙子的薄紗後方操弄著合起的傘（在狄更斯的時代，受限於製傘技術，當時的傘比現代細瘦且往上收攏的傘，更有陽具的意象）。在《小杜麗》（*Little Dorrit*）中，

音曲恋の操
梅川
忠兵衛

F太太的阿姨「以傘搓揉她珍貴的腳背」；在《荒涼山莊》（*Bleak House*）中，貝格內特太太（Mr. Bagnet）「以傘用力戳楚伯．喬治的肩膀中間」。當然，洋洋得意於擁有一把傘的甘普太太，其傘頂曾一度被稱為「噴嘴」，博文不帶情感卻似乎話中有話寫道，這東西最知名的功用就是噴射。

維多利亞時代的雜誌裡，有不少關於傘的散文與故事。畢卓特指出，其中的言情故事往往和傘有關，通常是年輕女子在大雨中受困，楚楚可憐，這時會有男子適時撐傘相救，免得女子淋成落湯雞。有一則故事裡，銀行家「靠著一把傘，找到完美嬌妻」。在另一則故事中，雨天的傘下浪漫花朵綻放：「『我的女王！』男子輕聲說道，「我何其有幸帶了傘！若非如此，我永遠無法贏得妳的芳心，娶妳為妻。」

英國人在靠著雨傘或躲在傘下談戀愛之前，日本的畫作早已不乏把傘當作浪漫工具的例子。在米契的《雨和雪：日本藝術作品中的雨傘》就解釋傘的視覺描繪，和「挑逗與激情」有關：

> 在江戶時代，準備去工作的交際花在漂亮的蛇之目傘襯托下，似乎更顯美豔[8]。女

喜多川歌麿十八世紀的浮世繪作〈梅川與忠兵衛〉中，愛侶共撐一把傘。▶

人會從高處一躍而下，只靠著打開的傘來放緩落地速度。最深情款款的，就是一男一女共撐一把傘漫步，中棒位於兩人中間。

日本有種奇特的「跳臺」祈願。在一七六〇年代，至少有四名不同的畫家，描繪女子從高處（通常是寺廟）躍下，只靠著一把傘來放緩墜落速度。跳臺之舉似乎是用來占卜戀情的未來；若女子毫髮無傷落地，則「保證幸福」（雖然這多少是自我應驗的預言；如果腳踝摔斷或骨盆粉碎，哪來幸福可言）。米契發現一個值得注意的細節，這在前一頁的圖中可看出：女子裸露的腳趾捲起，這在日本版畫中通常帶有性的意涵。

賽爾夫的《傘》充滿情慾色彩。故事展開沒多久，就出現了史丹利與未來的戀人艾德琳（Adeline）淋溼的畫面：

……她的衣服濕透，布料緊貼在乳房、肚子……**大腿**。史丹利無法不去注意沒有任何胸衣或阻礙……她打起陽傘……他們在這透明的傘下……往房子前進。

史丹利的姊妹奧黛莉和愛人吉爾伯特完事後躺著，看著人們撐著傘沿霍本大街漫步。這時她說，她十四歲時曾撞見父親為了二十世紀初的色情作品，和一名性工作者做愛。當時她父親完事後眼睛眨也不眨，整理好衣著，與攝影師和演員道別，接著抓起雨傘，帶奧黛莉離開房間。吉爾伯特問，她為什麼突然想起那天的事，「因為我們剛……做了？」「不，奧黛莉後來說，「不、吉爾伯特，是……是那些傘。」

8 蛇之目傘是在傘的頂端黏上一圈對比色的紙，因此俯視這把傘時，會像蛇的眼睛。

鈴木春信〈從清水舞臺跳下的女子〉，一七六五年。

◀ 鈴木春信〈茨木屋店前〉，畫中女子賣弄風情，玩弄男子的……傘。

春信画

第四章

性別化的雨傘

The Gendered Brolly

和傘相關的情慾互動，不只表現了愛與慾望，更彰顯著異性戀獨大的價值觀。幾年來，我在閱讀時總特別注意傘的主題，卻沒碰過任何和同性戀相關的傘。這或許反映出幾個層次的偏見，包括我所閱讀的史料；甚至在文學「正典」中，對同性戀的描寫相當少，即便較當代的小說也不例外。另一個原因可能是長期以來，傘的情慾色彩逐漸淡化，也少見於文學作品中。加拿大作家瑪格麗特・愛特伍（Margaret Atwood）的《盲眼刺客》（*The Blind Assassin*〔2000〕）中，艾莉絲・查斯・葛里芬（Iris Chase Griffen）說她的孫女「瞧不起雨傘」；年輕人喜歡頭臉被風吹雨打，覺得神清氣爽。可能在經典電影或老照片隱含的異性戀脈絡下，情人依偎在傘下的浪漫場景過度強調傳統的性別角色，導致傘的形象刻板化。因此若要再談「酷兒化」的傘，其實已無太大意義。

傳統會隨著時地與文化脈絡變動，不過有證據顯示，傘具備強烈的性別特質已有數千年之久，甚至維持至今日。

當然，雨傘（或陽傘）一收起，馬上就會產生性別象徵。在許多文學與藝術作品中，都能看到傘象徵陽具（但先前提過，德希達針對這點進行過細膩分析，指出多數人認為傘所呈現的陽剛特質，其實具有雌雄同體的特性）。在〈馬爾多羅之歌〉（*Les*

Chants de Maldorer）中，烏拉圭裔法國詩人洛特雷亞蒙（Comte de Lautréamont）描述一名年輕人「相貌俊美……宛如縫紉機與傘在解剖檯上相遇！」幾十年後，這段描寫啟發了達達運動的作家與畫家，他們欣賞這首詩的超現實主義色彩及隱藏的性意涵（在解剖檯的「床」上，雄性的傘遇上雌性的縫紉機；一九二〇年，美國現代主義藝術家曼・雷〔Man Ray〕的雕塑〈伊西多荷・杜卡斯之謎〉〔L'Enigme d'Isidore Ducasse〕，即以此為靈感來源）。

不過，性別化的傘比一般黃色笑話要複雜得多。雨傘與陽傘的差異在性別上尤其明顯。狄更斯在〈傘〉（*Umbrellas*）中，描述陽傘是「雨傘的淑女姊妹」。美國詩人艾蜜莉・狄金生（Emily Dickinson）在〈陽傘是雨傘之女〉（*The Parasol Is the Umbrella's Daughter*）中，進一步闡述：

陽傘是雨傘之女，
與扇子交往。
但父親靠近暴風雨，

和雨天連結。

陽傘協助美麗的女子
靜靜的展示。
然而她父親扛起責任，得到榮耀，
至今仍被出借。

值得注意的是，加諸到擬人之傘的是父權主義和性別刻板價值：「獲得榮耀的」男性負責防禦和保護，勇敢對抗環境；女性僅僅和賣弄風騷的小物（扇子）及默默表演（靜靜展示）扯上關係。在性別化的意涵中，身為父親的雨傘先來到世界，而這正與陽傘和雨傘的歷史背道而馳；如我們所見，陽傘比雨傘早出現數千年。

今天隨處可見的黑色自動傘，或許看不出性別，但只要走進詹姆斯·史密斯父子傘行的大門，就能看到長久以來和雨傘相關的性別區隔。左轉可細細欣賞許多加了穗的精美的傘，有細細的傘頭和優雅傘柄（多雕有狗頭），以及華美的布料；往右轉則會看到更多、更大的雨傘：傘柄粗，強調實用，更長、更寬、更堅固，不加任何穗飾。顧客當然想買什麼都可以，沒有性別限制，但若女士們想購買傘柄細、傘身長，卻有大傘蓬的傘；或男士們想購買搭配上比例適當的鱷魚頭傘柄的粉紅傘，那可是絕對找不到，非得訂製不可。

福克斯傘行（Fox Umbrellas）——十九世紀發明完美傘架的業者——同樣把自家商品分成女傘和男傘：前者有著細長、加穗，摺邊深、粉彩色調的傘柄；後者則是裝飾少，以木製傘柄為主。另一家英國老牌高檔傘店史萬．艾德尼．布利格也有性別修辭，只是不那麼明顯。其店面的選擇不多，性別色彩不比史密斯或福克斯傘行，但只要瀏覽它的網站，就可以看出其目標客群：上頭的廣告詞寫著「重視自尊的紳士，不會攜帶其他物品」，或是「專屬於王子的雨傘」。

公平而言，這不能譴責傳統的雨傘廠商，或是歷來社會上不成文的、對雨傘性別角色的判讀。任何商品從機能或時尚來看，多少都與特定性別有關，並針對特定性別來宣傳。刮鬍膏、衛生紙與刮鬍刀等日用品皆是如此；書籍、音樂與電影等風貌不一的商品也不例外。

不僅如此，巴內特在《雨：文明、藝術、科學，人與自然交織的億萬年紀事》中精采地介紹，原來在人類歷史上，雨也有性別。雨水和陽剛的關聯，可從一名非常古老的神祇看出：美索不達米亞騎公牛、揮舞閃電的雨神；蘇美人稱之為伊斯庫爾（Iškur），阿卡德人稱為阿達德（Adad）。巴內特解釋，新興的定居農耕人口，可能比古代人更著迷於雨水：

對雨水仰賴程度比灌溉高的區域，暴風雨神會是所有神祇中最重要的一位……人民視之為富饒的守護神，愉悅時會帶來雨水與生命，憤怒時會引來乾旱與洪水，導致土地貧瘠。

在接下來幾個世紀，暴風雨神和公牛的關係相當密切。部分原因在於牛蹄聲宛如遙遠的雷鳴，另外則是因為公牛的陽剛特質與性能力有關。儘管不曾耳聞女性的雨神，但巴內特提到，她們通常是新石器時代暴風雨神的漂亮女伴，是賞心悅目的伴侶，卻無法真正影響降雨。

正因有此傳統，許多文化把雨水能帶來生命的特質和精液產生連結。巴內特提到，過去農夫會與妻子在田裡做愛祈雨，也曾派裸女到田裡「唱淫穢的歌曲給雨聽」（我不太確定由女性色誘雲的概念是非常可愛或有點可怕——有點像雨的顏射）。有趣的是，美國原住民把大雨視為雄性，小雨視為雌性。巴內特還提到，梵文的雨（varsha）是從古老的「vrish」演變而來，有「男子氣概」與「生殖力」之意。在猶太傳統中，雨是雄性，而承接雨的湖與河則是雌性。印度人同樣認為河是雌性，甚至在河水氾濫的季風時節稱之為河懷孕。

無怪乎雨傘和陽傘會帶有些許性別色彩。在古希臘羅馬時期，使用陽傘的多為女性——更精準地說，是幫她們撐傘的奴婢。活躍於西元一至二世紀的羅馬帝國時代作家阿特納奧斯（Athenaeus）提過，希臘詩人阿那克里翁（Anacreon）作品中有個名叫阿塔曼（Artamon）的人，因使用陽傘，遭譏諷為「像個女人一樣」。一五七八年，亨利．艾蒂安（Henri Estiennes）的《對話錄》（*Deux Dialogues*）中，有個名叫賽托菲爾（Celtophile）的人提出了問題：

> 你在西班牙與義大利是否見過一種用具，某些階級的人會攜帶，與其說是擋蒼蠅，不如說是遮陽？那東西靠一根棍子撐起，它的設計可讓它收起時不占空間；但需要時可以馬上攤成圓形，遮蓋三到四人。

與他對話的菲蘭索恩（Philansone）回答，他沒見過，「要是法國女人見到有哪個男人帶這種東西，會認為他毫無男子氣概」。

克勞福說，英國「所有證據」都指出，先使用防水雨傘的是女性，這也可以解釋為什麼男性起初不肯用傘。正如約翰．牛頓（John Newton，原本是蓄奴者，後來提倡廢奴，也寫下〈奇異恩典〉〔*Amazing Grace*〕）在十八世紀時這麼說，「如果哪個人沒戴帽又撐傘，那麼這人會被歸入社會的無人島，就像雨天被房東太太叨唸得無可奈何，只得速速到街角商店，買瓶司陶特啤酒的男人」。

一七七六年，《瑣事：倫敦街道之散步藝術》（*Trivia: or The Art of Walking the Streets of London*）的作者約翰．蓋伊（John Gay）明白指出，撐傘的應是女人或其奴婢：

好主婦在隆冬天，
靠斗篷保護，
或在傘塗了油的罩子底下
穿著喀噠響的木套鞋，安全穿過濕處。[1]
讓波斯女子打開傘骨，
保護美貌免於日曝；
或流汗的奴隸撐著遮蔭裝備，
替東方的帝王展現權威。
傘只在英國的冬天
幫行走的女子，抵擋冰冷的雨。

「揶揄」他人的行為常透露出許多社會規範。一七〇九年十二月十二日的《女性漫

1 木套鞋（patten）是一種提供保護、通常有鞋跟的外鞋，從中世紀沿用至二十世紀；後來，柏油鋪面取代泥巴路與步道之後，木套鞋逐漸絕跡。

談》（*The Female Tatler*）中的一則廣告也不例外：

向康希爾街威爾咖啡館女主人借傘的年輕紳士在此宣布，若在類似情況下，想從頭到腳保持乾爽的，應該向小姐借木套鞋。

然而如我們所見，在十九世紀的某個階段，角色逆轉了。雨傘不再是女性的專利，而紳士帶傘也逐漸成為體面的行為。到了巴連安的時代，傘已儼然是男性的必備行頭，陽傘更在女性中逆勢而起，建立起男性雨傘、女性陽傘的性別二元性，且延續近兩個世紀。

在中產與上層階級的女士手中，陽傘越發花俏，多以蕾絲、穗與刺繡裝飾；傘的中棒也愈來愈長，以珍珠、犀牛角、象牙或黑檀木雕刻而成；傘柄以瓷打造，飾以珠寶或刻成獅子、龍、馬或格雷伊獵犬的模樣。大型的瓷球、錦緞、絲、羽毛、緞帶與蝴蝶結也都出現過。一八八四年上市的「仙女」（La Sylphide）陽傘，可靠傘柄上的一個按鈕打開與收起，成為炙手可熱的商品，價格相當昂貴（在《雨傘回憶錄》中，地位低下的

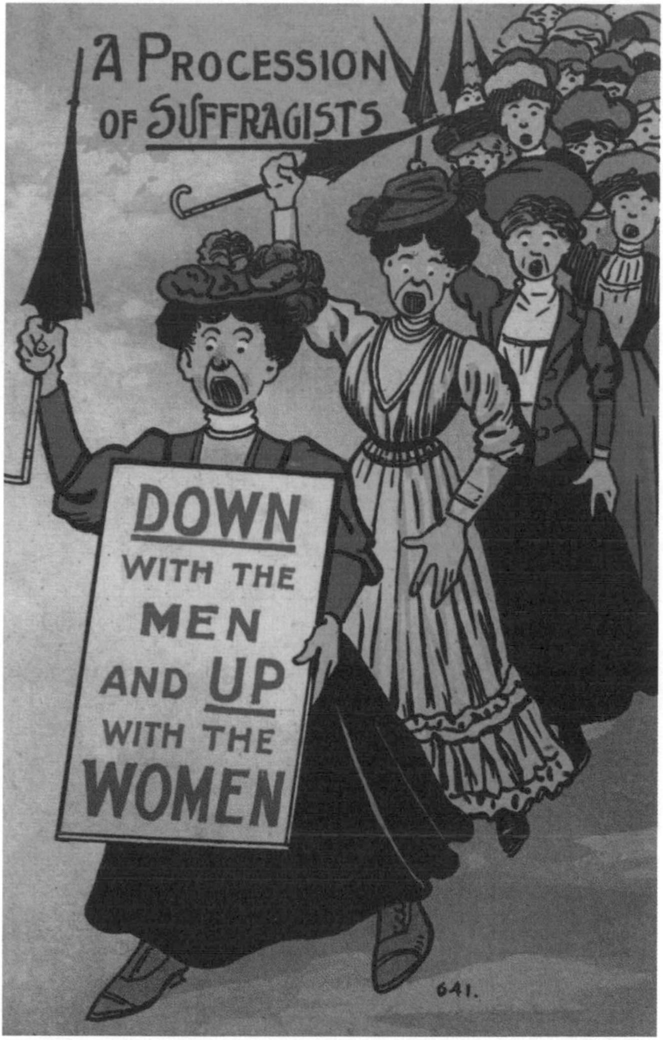

諾曼．華森（Norman Watson）在〈婦女參政權運動的文字與圖像〉（*Text and Imagery in Suffrage Propaganda*）一文中指出，傘在反婦女參政宣傳中代表的力量與潛在暴力，反映部分男性感受到兩性更平等之後可能帶來的威脅。

女裁縫工拚了命趕工，好在婚禮時能有一把這樣的傘可用）。一八五一年，法國陽傘製造者雷內－馬利・卡索爾（René-Marie Cazal）撰寫〈雨傘、陽傘和手杖及其生產的歷史與軼聞〉（*Historical and Anecdotal Essay on the Umbrella, Parasol and Walking-Stick and their Fabrication*），讚賞陽傘能提升女性魅力：

陽傘有如玫瑰色蒸氣，讓女性的五官柔和，消除黯淡氣色。粉色或蔚藍傘罩的半透明映影遮擋她臉龐，熱情隨之誕生、醞釀、綻放……在傘的花冠下，多少甜美的笑容盛開！多少迷人、令人陶醉與魔法般的容貌出現？

陽傘確實在維多利亞時代的女性時尚中舉足輕重。在《裝飾與服裝的藝術》（*Art in Ornament and Dress*〔1877〕）中，法國藝評家查爾斯・勃朗（Charles Blanc）描繪陽傘是「另一種賣俏的武器」，女性可用來和男性調情，挑逗與吸引男人注意。然而，這並非表示女性只顧著調情。畢竟當時的女性面臨很大的經濟壓力，得靠結婚來解決，於是社會就要求女性看起來要盡量「宜婚配」久一點——換言之，就是盡可能常保青春。正如先前討論，使用陽傘能幫助維持膚質白皙細嫩，散發貴氣，如果小心挑選陽傘，還可讓五官更顯年輕。這招挺有用的，當時〈陽傘遊行〉（The Parasol Parade）的歌詞就說明了這一點：

海邊有個相當高傲的女孩
在濱海步道上漫步，
說是女孩，其實已近四十，
在家時的確看得出年歲；
但她撐著陽傘散步，
看起來好迷人——簡直美豔——
雖然她皮膚的
粉紅與白色
是手中陽傘的映影。

一九〇九年的陽傘廣告。

為了幫助各年齡層女性擁有好膚色，勃朗提出有用的指南，說明如何適當使用陽傘的顏色。他認為，理想的陽傘顏色是朱槿或粉紅康乃馨色，但務必要避免紫色、紅色或棕色。他建議婦女，如果衣服顏色無法襯托膚色時，務必克制想把陽傘布料搭配衣服色調的誘惑：「漂亮女子永遠不會犧牲自己的美，即使視覺和諧也不能使其臣服。」

到了二十世紀初的數十年間，陽傘流行的程度已不可思議。時尚品牌與名流紛紛端出更花俏搶眼的傘，因此在馬球比賽開始前，觀眾有把陽傘收起的默契，以免大批絲帶、羽毛與鮮豔的顏色驚嚇到馬匹。一九二二年，狗陽傘開始流行。起初這只是雕刻著精緻狗頭的傘柄，但是那一年在園藝館（Horticultural Hall）的北京犬和法國鬥牛犬展上，就出現專為小型純種犬遮陽的迷你傘[2]。然而盛極必衰，隨著日光浴和古銅色皮膚的熱潮出現，陽傘很快退了流行。

那麼雨傘的情況又是如何？十九世紀上半葉，雨傘出現大量巧妙的發明：包括有空心傘柄可裝香水或書信的傘；有簾子的傘；傘柄有小燒瓶可收集傘蓋雨水的傘；一側較長、可遮蓋女士裙撐的傘；開了窗口的傘；傘骨尖端裝海綿的傘；打開時會發出輕聲呼嘯的傘；還出現拐杖傘（rhabdoskidophoros），特色是傘罩與傘骨可收進中棒，使雨傘變成拐杖。不過，正如維多利亞時期一名在《紳士雜誌》（*The Gentleman's Magazine*）撰文的作家扼要列舉，這些發明不過是特例，不可能為一般民眾通用：

> 然而，擁有摺傘、拐杖傘、口袋傘等華而不實之物者，仍少之又少。這些東西若非發明者為發明物耍的噱頭，就是缺乏智慧、卻虛榮心過度的人，想透過標新立異的附加物，博取廉價的名聲。

直至十九世紀下半葉，企業不再偏好「華而不實」之物（摺傘？口袋傘？這世界變

2 不必嗤之以鼻，今天狗傘依然存在。

成什麼樣子？），雨傘已十分普遍。二次大戰末期，雨傘生產線幾乎完全停擺，等到再恢復之後，傘已把男人女人都當成宣傳對象——雖然詹姆斯・史密斯父子傘行等諸多雨傘製造商仍提醒我們，雨傘性別化設計仍然很常見。

綜觀歷史，雨傘連產製過程也有性別之分。狄更斯在撰寫關於雨傘及產製過程的文章時，製傘不僅分工細膩，還有性別差異。在工廠普及之前，雨傘的製作分成不同階段生產：首先組裝傘架，接下來是縫布，最後是裝上傘柄與傘頂。這幾個階段是在不同地方、由具備不同專業技術者進行。狄更斯在〈傘〉一文中指出，傘架是由「倫敦的小型工坊主人組裝，他們會找幾個男子幫忙」；縫傘布則是「婦人和女孩在簡陋家屋中進行」；連接傘柄與傘尖多在倉庫進行。

組裝一套傘架可得到三法尋[3]；縫傘布則「根據品質與工時」可賺得一便士到四便士[4]，這當然比製作傘架賺得多了。但狄更斯並未像提到傘架製作時一樣詳述縫傘布的過程或所需時間，或許是因為把那麼多零件組成有用的工具，看起來比縫傘布到傘架上更加厲害；又或者他必須謹守分寸，不能進入婦人與女孩的「簡陋家屋」。無論如何，我們可以肯定推測，要縫好如傘骨大小的布料，並在各不相同的傘架上，讓上了油的傘布撐開縫好，需要極為細膩的針線工，才能讓傘布在傘架上確實撐開。製作陽傘時還得講究美感，這過程需要的技術與時間，並不亞於任何工坊師父與學徒。奧黛莉．德斯是湯瑪斯．因斯與克伊的打字員，對女性的工作內容並不抱有任何幻想——她認為「女人的工作是：流汗、枯燥、重複」。

3 一法尋約為〇．二五便士。
4 相當於今日的〇．四六到一．九英鎊。

◀ 下頁圖說：日本江戶時代葛飾北齋的浮世繪，描繪雪中旅人撐著宛如移動式的屋頂，在暴風雪中打造出一方小小的無雪天地。

第五章

一根棍子撐起一頂帽子

A Hat with a Handle

在許多文化中，用傘的社會規範與習慣就算再僵化，終有衰微或完全消失的一天。附加於傘上的崇敬或厭惡會淡去，產製過程會工業流程化；人們或許喜歡，或許厭惡，但傘終於在眾人眼中獲得了一個親民的位置。今天只要走一趟街角的商店，即可用平價買到雨傘。

傘隨著時間流逝而平民化，人們的觀念上也不例外。數千年來，人們日漸降低了對神祇或君王庇蔭的仰賴。在啟蒙時期，歐洲人對於「自我」（selfhood）的觀念大幅變化。過去人們聽天由命，因此需要神祇庇蔭，祈求環境變動下不受傷害，直到西方思潮與理性思維轉移到以「個人」為重心。本章的重點，就是撐傘的「個人」。

首先談談撐傘的體驗，亦即在雨中，獨自站在傘下的強烈感受。傘畢竟不只是遮蔽物、陰影、盾牌、性別或社經地位的隱晦指標。一把傘就是屬於自己的一小片屋頂。相傳在中國春秋末年，著名工匠魯班的妻子曾造傘。她說：「君為人造居室不能移，妾所造傘能移千里之外，」說著便拿出一把陽傘。

傘的保護能力不僅止於象徵性的，更有強烈的實用價值。首先，傘能普及的原因正是來自實用，而非前文提到的神聖、社會或地位象徵。這時要回來談談魯賓遜的傘。史

魯賓遜與傘狀遮蓬。

蒂文森或許曾揶揄魯賓遜「在逆境之下，仍想展現文明之心」。然而笛福的文字無疑解釋了魯賓遜不辭辛苦，打造這把傘的目的：

> 我耗費許多時間與力氣，設法打造一把傘，漸漸地，想擁有這把傘的決心日益強烈，不造出來絕不甘休。我曾在巴西看人製傘，傘很實用，可遮擋當地的燠熱。我在島上也覺得炎熱難耐……此外，由於要在外面走動，傘更加實用，晴雨皆可派上用場。我使出九牛二虎之力，好不容易才造出可撐之物；以為找到訣竅，卻又做壞兩、三把，才做出合意之傘。製傘主要

的難處在於收傘：這把傘找到了算是行得通的答案。我能讓傘打開，但如果不能收起，就無法帶去任何地方，只能撐在頭頂，並不好用。無論如何，正如我所言，我找到了答案，以獸皮製成傘面，毛髮朝上，這樣傘就能和閣樓一樣擋雨，也能有效遮擋太陽，如此即可在最熱的天氣出門，最冷的天氣也無往不利。即使用不上時也能把傘收起，夾在胳臂下。

「閣樓」（penthouse）如今多指公寓的樓頂，但過去是指遮篷，即建築物一側的篷子或斜屋頂，用來避免風吹雨淋日曬。這是我看過傘和屋頂最明顯的聯繫[1]。在《魯賓遜漂流記》一書中，他直接把傘比擬成遮篷。他將傘固定在獨木舟上，「就像遮陽篷那樣幫我抵擋炙熱驕陽」。傘對他而言無疑不可或缺，他說，「這是僅次於獵槍，最不可或缺之物」。

如果把傘視為一種屋頂，「房間」視為屋頂下有遮蔽、有界限的空間，供人在其中居住、使空間個人化，並在某種程度上控制環境，那麼傘下的空間就可以視為一種「攜帶式房間」。在這暫時的庇護所之下，我們創造出暫時的自我空間，在自己與外界之間

◀ 毒參或毒芹。

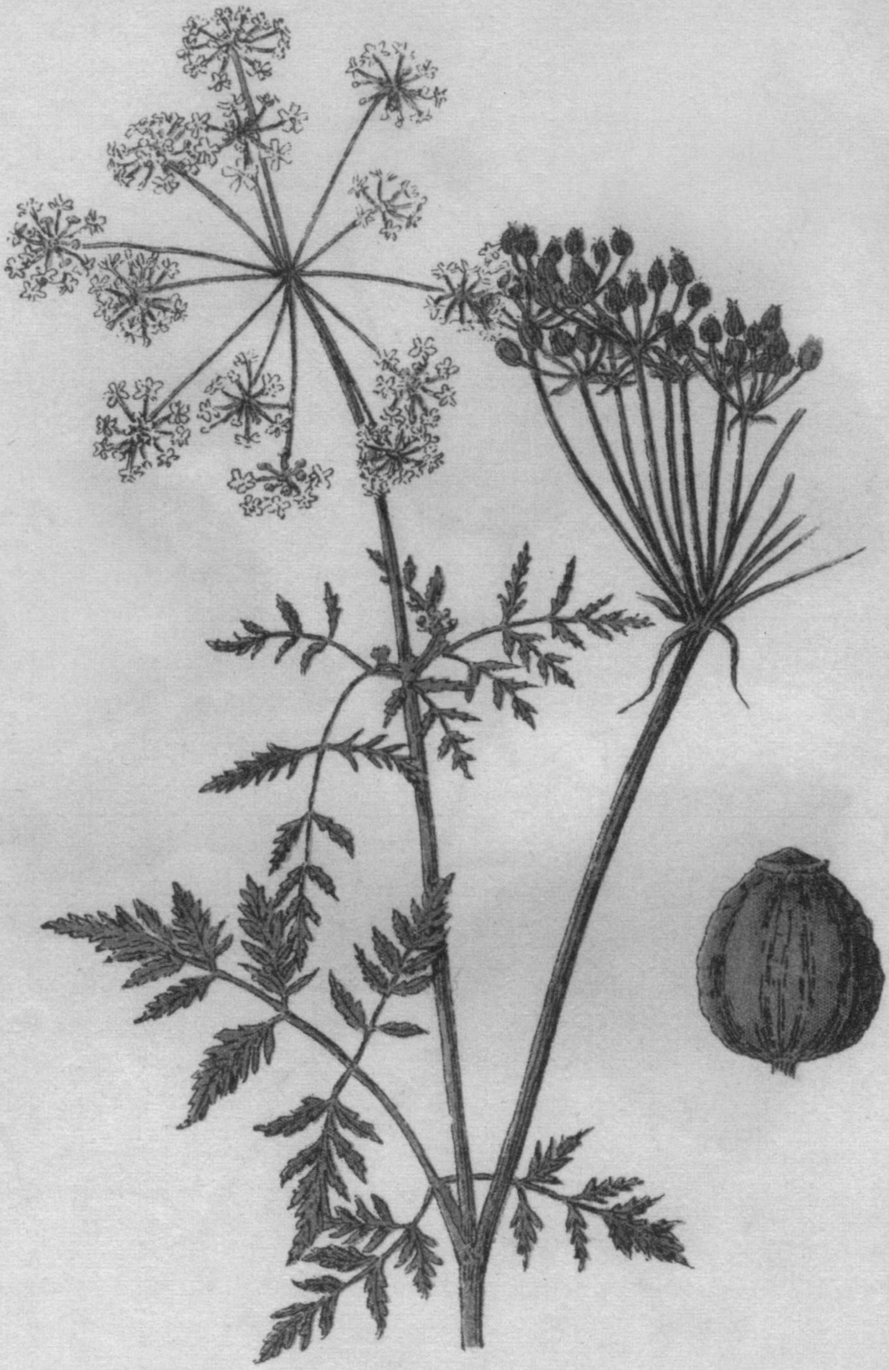

Hemlock.
Conium maculatum.
UMBELLIFERÆ.

安插個人的蓬蓋，不受外在環境影響。撐雨傘固然是簡單的動作，但一個人可從體現於外的自身轉變為內面的自己：打在傘蓋上的淅瀝雨聲，宛若雨水打在自家的屋頂或窗戶上，差別只在於能否移動而已。熱愛下雨的美國電影導演伍迪・艾倫（Woody Allen）曾這樣形容：

> 人會被限制在自己的屋裡。他們尋求庇護，於是進到屋裏；從外跑到內，想保護自己；走進裡面、移到裡面。

雨喚起的「內在性」（inwardness），是理解雨傘轉變成房間一樣的私密空間的關鍵。從外界退居到內部，是刻意與外在世界隔絕的方式。

就像待在房間一樣，雨傘漏水是絕不可能毫無察覺的明顯現象。原本該留在外頭的，成為闖入的不速之客。這在格雷安・葛林（Graham Greene）《愛情的盡頭》（*The End of the Affair*〔1951〕）的開頭就提到，在「一九四六年，黑暗的雨夜，」莫利斯・班德瑞克（Maurice Bendrix）決定冒險，到附近酒館喝一杯：

這擁擠狹小的玄關，掛滿陌生人的帽子和大衣。我不小心錯拿了別人的傘……我一穿越草地，就發現拿錯傘，因為雨水穿過了它的裂縫，淋到我麥金塔風衣的領子。

傘和房間一樣，是可退居其中的空間，以避開與他人的互動。班德瑞克撐著那把漏雨的傘穿越公共草坪時，看見亨利．邁爾斯（Henry Miles）朝他走來——班德瑞克曾與邁爾斯的妻子熱戀。班德瑞克說自己在雨傘的遮掩下，和亨利擦肩而過：

我可以輕易避開他；他沒帶傘，眼睛被雨打得張不開……如果我直接從他身邊走過，他不會發現。若離開人行道兩呎，他更不會發現我。

1 說到結構，繖形科植物（Umbelliferae 或 Apiaceae）的特色在於花的形狀獨特，稱為繖形花序（umbel），這種花序是花的梗從中央花莖輻射而出，宛如輻射狀排列的傘骨。和雨傘一樣，繖形科源自於拉丁文的 umbella（陽傘），許多常見植物都屬於繖形科，例如胡蘿蔔、芹菜、孜然芹、西洋芹、蒔蘿、芫荽和毒芹。可參考頁一二九圖。

當然班德瑞克並未這麼做，否則小說會以完全不同的方式展開，或根本不會開始。

在《窗外有藍天》，露西．霍尼徹奇（Lucy Honeychurch）則是為了截然不同的理由，尋找自己的避難之處。書中有個頗具喜感的段落，是露西到義大利後不久，與母親及未婚夫正安然漫步，忽然間，三名裸男現身三人眼前，其中一名就是露西的前任情人喬治：

在他們面前冒出，轉身，從街上飛奔到池塘，仍戴著畢伯先生的帽子。

「老天爺！」亨尼太太嚷道，「那些行為不檢的人是誰？」

……露西……躲到陽傘底下，遮住自己。

史蒂芬．柯勒的〈一己天空的父母〉，堪稱是關於傘的內在特質最美的描寫。這篇文章談的是日本製傘技藝面臨失傳，廉價的合成洋傘逐漸淘汰以紙和竹子製成的傳統和傘。柯勒在造訪老師傅、目睹一絲不苟的製傘過程之後，買了一把傘。

一己的天空／一己的陽光。我在秋日午後撐著破舊的陽傘。

我小心打開新傘，傘完全展開時，油、竹子與防水漆的氣味撲鼻而來，雨的呢喃聲也增強百倍。紅色的光映在我手上，或許也映在臉上。我宛若置身紅色窗戶的房間。這把傘散發著溫柔敦厚，我彷彿感覺到製傘人多麼細心與平靜。

他穿過街道時，到處都是傘，卻沒有一把是傳統和傘。在講究一致的社會，他顯得格外突出，惹人注目。他很不自在，躲進雨傘朱紅的遮蔽之下。

過了一會兒，我覺得孤單，像沒穿

衣服似地裸露，無法抵擋他人的注視，以及沒說出口的評論。我不再看群眾，而是望向上方的紅屋頂，透過無數細密的竹傘骨撐起……從中棒輻射而出……往宇宙無窮無盡的點延伸，並靠著黃色的棉質星球統整。我又恢復安全感，覺得受到保護。手中的傘變成我的同伴，我們都是外人。傘不僅幫我擋雨，也守護了我的世界、畫出我的空間。那是只屬於我自己的天空。

當然，雨傘並非完美的房間。有時受限於傘蓋大小及降雨持續的時間，在雨傘下可能是一半有撐、一半沒撐的狀態。身體彷彿分成兩邊，一半受到傘的保護，另一半則沒有。頭與肩膀可以靠著傘，舒舒服服得到保護，但雨水會慢慢滲進鞋子裡，冰冷的褲角貼在腳踝邊。韓江《素食者》中描寫南韓的雨天，很貼切地說明了這種情況：

雨滴咚咚打在傘上，力道之大，彷彿要扯破傘布……這不是傘擋得住的雨，因此她的襯衫和長褲已泰半濕透。

傘築起一道看不見的牆，那道牆只能透過雨和無雨的交界來判定，也界定了「個人空間」這虛無縹緲的氣球邊緣。在雨天觀察任何擁擠的人行道，會發現隨著傘傾斜、轉動與舉起，傘下的空間也藉此收縮、擠壓，讓人通過。若不肯相讓，就會像米蘭·昆德拉《生命中不能承受之輕》中一場精采的場景，描寫了布拉格的雨天，繁忙街道上雨傘相碰、上演女人之間的意志之戰：

拱起的傘頂相互碰撞。男子彬彬有禮，他們經過泰莉莎身邊時，會把雨傘高舉到頭上，讓她通過。但女子可不客氣，個個直視前方，等待另一個女人承認自己不如人，站到一旁……泰莉莎明白自己的禮貌得不到回應後，開始和其他女人一樣那樣抓起傘，撞向迎面而來的傘。沒有人說「抱歉」，卻有一、兩次確實聽到「肥母牛！」或「去你的！」……泰莉莎想起俄羅斯入侵時的那幾天，穿著迷你裙的女孩們拿著長長的旗桿，揮舞著國旗……她拍了許多那些年輕女孩在坦克車前的照片。她多欣賞那些女孩！現在那些女孩正在撞她，帶著怨毒的惡意。她們不再舉起旗子，而是撐傘……她們會固執地抵抗外國軍隊，也對抗拒絕讓路的傘。

先不提小說中有爭議的性別描寫，但這一幕貼切表現出傘下極度個人化的空間。泰莉莎曾欣賞布拉格女孩的非暴力抵抗，共同色誘入侵者。不過，一旦失去必須共同對抗的敵人，她們就開始對付彼此。每個女孩的空間都靠著傘來界定，每個女孩都下定決心要捍衛這道空間——如果少了傘就做不到。

用傘經驗的個體性（individuality）並不局限於傘下的空間。和衣著、鞋子與配件一樣，雨傘能傳達出個性，可說是有柄的帽子[2]。例如詹姆斯・史密斯父子的傘行所販售的雨傘有各種形狀、顏色與大小，連《白雨傘》中的B先生也提醒我們，雨傘可代表每個人的特色。有些角色和彎鉤手或紅斗蓬畫上等號，有些角色則和傘的關係密切，博文稱之為「傘的風格」：把人和他所使用的傘相互結合。登場人物使用傘的方式，讓傘成為自我的延伸，這現象可稱之為轉喻——幾個世紀以來的甘普太太、魯賓遜與張伯倫就是很好的例子。

還有不少角色雖不完全能和傘畫上等號，但是和傘的關係密切相連。瑪麗・包萍[3]就是個很好的例子：無論是把傘夾在胳臂下，速速穿過公園辦事，或是挺直腰桿，穿著靴子的雙腳朝外打開，飄浮在櫻桃樹巷上方，她的模樣幾乎都少不了傘。

G．K．卻斯特頓（Gilbert Keith Chesterton）筆下的神探布朗神父（Father Brown）也是如此。布朗神父的直覺敏銳，藉由聽取告解，累積對犯罪行為的深刻認知，加上外表溫和謙遜，十分善於在竊賊與殺人犯不注意間揭開真相。在第一篇故事〈藍色十字架〉（*The Blue Cross*）中，這可愛的神父透過一名敘事者的雙眼登場，然而那人把布朗神父描述得並不討喜：「矮子羅馬天主教神父」、「一張死板板的包子臉，就像諾福克麵團」、「眼神和北海一樣空洞」、「傻瓜般的單純」、「可以引起任何人的惻隱之心」、「常隨身帶著一把大破傘，老是掉到地上」。但讀者很快會發現，神父的機敏再清楚不過，只是以單純的外表來卸下罪犯心防。不過，神父的破傘在整個系列中是重要行頭，彷彿讓他頓時成為這世上既安靜又卑微的人，你很難去注意到或多留意一次——也是許多犯罪老手防不勝防的原因。

2 這概念可從漢字「傘」看出，像是許多人共同戴著一根棍子上的帽子。

3 Mary Poppins，為英國作家P．L．卓華斯的兒童文學系列作品中登場的仙女保姆，迪士尼曾改編為真人動畫電影《歡樂滿人間》。

《哈利波特》中，魯霸・海格（Rubeus Hagrid）的傘不像布朗神父與瑪莉・包萍那樣形影不離，但在建立與鞏固他的特色上依然重要，尤其是他與非魔法世界的關係。海格在德思禮一家那樣嚴謹而平凡無奇的世界，是令人不安的。他的身高、狂野凌亂的外貌、藏不好的魔法能力、對哈利的忠誠等特質，全都在他鑲邊的粉紅雨傘上具體而微呈現：不僅僅是他用傘的方式（詳見後文），更因這把傘顛覆了陽剛氣質的傳統刻板印象。

無須多說，在賽爾夫的《傘》中，多數角色都和傘有關。其中自始至終都和傘密切相關的，是奧黛莉和史丹利的父親山謬・德斯。這大致可以從奧黛莉童年時，與父親一同在倫敦的漫長旅程看出。旅程的高潮，是拍攝色情之作的一幕。不過這一幕早在德斯的雨傘有節奏又極度親密的移動中，即可先看出端倪。雨傘順著倫敦的輪廓輕碰時，傘尖如手指般撫摸著路面石子間的交界。前文提過，奧黛莉想起這一幕，並非因為性事觸發了關於她父親的奇特回憶，而是望出窗外時，看見了雨傘從霍本地鐵站冒出的畫面。

說到性的主題，福樓拜於一八一六年的傑作《包法利夫人》（*Madame Bovary*）中，以雨傘、陽傘和小說主角牽起了連結。在一開頭，夏爾・包法利醫生前去為一名摔斷腿的農夫看診。幾個小時的造訪中，夏爾慢慢受到農夫之女艾瑪的吸引。作者細膩描寫用陽傘調情的模樣，早早給了讀者提示：

有一天冰融了，樹皮上的水分、屋頂上的融雪，讓院子濕漉漉的。她在門邊，打開陽傘。陽傘是用大理石紋的絲布製成，陽光穿透，在她白皙的臉抹上變化的色彩。她在陽傘溫暖潮溼的遮蔽下微笑；水一滴接著一滴，落在繃緊的傘布上，發出聲響。

艾瑪與夏爾的婚禮，成了打開艾瑪內在的鑰匙。讀者要等到他倆結婚之後，才開始了解艾瑪的個性、夢想，以及對情感與經驗的高度渴望。她最早對婚姻感到不滿時，就帶著陽傘（或許當初她就是在這傘下吸引了夏爾）。這是我們第一次直接聽到艾瑪的聲音，而不是透過敘事者或其他角色說出：

坐在草地上，艾瑪以陽傘尖端戳著草地，不斷自問：

——噢，老天，我為何嫁給他？

艾瑪後來與年輕的書記員賴昂先生一起散步，她的陽傘庇護著彼此初萌芽的愛情：

這位年輕女子和同伴走路時，聽見的只有腳步踩在泥土上的聲音、彼此說話的聲音，以及艾瑪衣物摩挲的聲響……桂竹香正沿著磚牆往上長；包法利夫人張開的傘緣，將些許褪色的花瓣掃落到黃土中，垂下的忍冬花與鐵線蓮叢摩擦傘上的絲綢，卡在陽傘邊緣。

後來這對愛侶又共撐一把傘——這次是雨傘：

下起了雷雨，他們雷電交加時，在傘下互訴衷曲。

分離變得令人難以忍受。

這是兩位登場人物生命中的重要時刻，因為「此時她承諾，無論如何，一週至少設法找個機會，不受限制，與他相見」。

福樓拜並未只讓一個角色使用雨傘，書中隨處可見傘的蹤影。但從頭到尾和雨傘有關的，只有艾瑪。其他用傘的例子多半屬過渡性質，往往有禮儀或商業等目的：例如神父留下的傘；賣花的攤販用來遮蔽的大傘；侍者扛著多把雨傘；或在擁擠的草地上，「主婦用大傘、籃子與孩童撞你」。除了艾瑪之外，沒有別的傘沾染著情慾色彩，而這把傘凸顯出她個體性最強烈的主張。

一個人的傘可以反映其實事求是、輕佻或時尚，也可以透露出更深刻的面向。史蒂文森指出，人們隨意挑選的傘或許不能透露多少關於其自身的訊息（「只有一個人真正愛的事物，才能透露出他真正的性格」）。不過，人們刻意做的選擇，不只能洩露自己想隱藏的一面，還能用來欺騙他人：

> 人類的造作和愚蠢，讓這高貴的象徵淪為不誠實……出自老謀深算的動機所選出的雨傘，可能和一個人的性格完全相反。虛情假意的傘，象徵嚴重的道德衰微。偽善者很自然以絲來遮蔽自己；而放蕩青年在拜訪虔信宗教的朋友時，會攜帶莊重體面的格子布

雨傘。難道不能說，帶著不貼切的傘在街上到處走的人，是「右手拿著謊言」嗎？

至於狄更斯，不誠實並非表現在帶著一把雨傘，而是留下雨傘。在〈請留下雨傘〉中，敘事者（與他的「小理由」）造訪漢普敦宮，想細細欣賞此地的藝術之作。敘事者被要求把傘留在大廳，他也願意照辦，「因為我的傘很濕」。他上樓去展間逛。有段當中時間，儘管他明明缺乏美感上的滿足，卻顯得近乎狂喜：

我在想，因為有胸中的小理由相伴，我是否還會想離開這永無止境的相同房間，回到喧囂擾攘之處？……我的小理由應該會讓這詭異昏暗的更衣間、一排排角落壁爐架裝飾、矮墩墩的古老藍色瓷器、可怕的老舊床單與過氣床柱……變成蘊藏美與幸福的宇宙……我和我的小理由，會一輩子心滿意足地把這裡當成家；待我們死後，靈魂會讓這無趣的宮殿成為第一棟幸福的鬼屋！

不過，「畫框內如死水般的黑色池子」讓他恢復理智。他明白留在別處的不只是雨傘，還包括自己的判斷、品味與個體性。

請把你所有的評比能力、經驗、個人意見和雨傘放在一起。請接受寄傘存根及別人的個人意見……並照單全收，毫不反駁。先生，請別看你的傘……這麼一來，你就會發現……這些醜不可耐的瓷器很美，缺乏想像的死板東西很優雅、粗糙的塗鴉是傑作。放下你的傘，拿起你的教養。

在這篇文章裡，雨傘的功能是一種自我展現，證明人是擁有多面向的完整個體，有自己的品味，而且能獨立思考。狄更斯寫道，透過雨傘，自我的所有層面會在諸多公民義務中展現出來。他想起幾個放下個人判斷的類似經驗，例如在教堂門口與諸多公共聚會。去老貝利街（Old Bailey，中央法院所在）的法院也是，在那裡「我不得不把許多東西放在雨傘裡，使它變得比甘普太太的傘更笨重，雖然它本身是個俐落輕盈的傘」；而更嚴重的是去參觀下議院，他必須放下「黑與白之間的差異，雖然這差異很大，足以讓雨傘承受不住」。簡言之，他下了結論，「在人生中，根據我的個人經驗，我必須很滿意地放下雨傘，否則無法進去」。

關於雨傘的這項定義以及與個人的強烈連結，都令人想起「傘」更古老、更宗教性的意義，是和完整與一體有關。在這脈絡之下，為符合社會常規，自我的完整性和一體性必須被破壞擱置。由於只有在室內，雨傘才必須放下，因此狄更斯的文章提出了一個觀念：所有建築物裡都有其固有的社會規範，刻意壓制每個人完整的個體性與更出色的判斷。在〈請留下你的傘〉，一個人只有在戶外才能完全按照自己的意思，撐起或活在自己的意見、品味與經驗之傘。

◀ 倫敦查令十字路上一把開了花的傘。

第六章

被遺忘的傘，以及糟糕的用傘品格

Forgotten Objects and Frightful Moralities

如果某個地方經常降雨，街道宛若風洞，那麼路上肯定會有被丟棄的雨傘。這類雨傘通常扔在角落或巷子裡，半露出於垃圾桶中，等清潔隊員收拾。那傘被雨水淋得發亮，卻了無生氣、透著鬱悶；它的羽翼彎曲或折斷，露出軸心，傘罩脫落垂下……彷彿街道上一隻死去的海鳥。

作家查利・康奈利的《給我陽光》（*Bring Me Sunshine*）以一整章來寫雨傘，歌頌傘的「奇妙尊嚴」，以及「撐開時會變成平滑、對稱的花朵，那是在無數零件的流暢動作與協調下誕生，是優雅的圓頂」。他稱雨傘是「美麗的機器」，要是「看見破傘淒涼地被塞進垃圾桶」，最令人唏噓不已。康奈利認為，不假思索就拋棄破傘，無論是便宜的自動傘或漂亮的獵遊傘（Safari Model），都是對工程成就最嚴重的鄙視，藐視「人類所有工業結晶」。

這些壞掉的傘總讓我苦笑。破傘多不幸、多無助啊！有些東西壞掉之後仍可改造，或是把零件回收利用。例如布料能剪成碎布、廚餘可當堆肥、傢俱可拆成五金和木材。相較之下，傘活著的時候雖有千奇百怪的用途，死了卻一無是處[1]。外行人沒辦法修傘，就算想修也不划算。即便是被扔到一旁棄置的傘，看起來仍顯突兀礙眼。

雨傘有一項特質：會在不該出現的時間與地點出現。狄更斯的作品中就經常玩這個哏（護士甘普太太就是一例）。博文在〈狄更斯的傘〉一文中，舉了《老古玩店》（*The Old Curiosity Shop*）中的例子。故事中有個反派角色奎普（Quilp）詐死，從門後的鑰匙孔偷聽律師山普森・布拉斯（Sampson Brass）唸悼詞。布拉斯讚賞奎普「機智幽默、悲天憫人，以及擁有一把傘」。不過，為什麼傘會出現在輓詞中？博文寫道：

> 我們會想記住逝者的成就或其獨一無二的特質，例如機智幽默、悲天憫人，卻在忽然間被一個東西打斷，那東西看起來只是偶然會用上，又容易遺失。這傘……似乎出現在它不該出現的地方。

倫敦街頭總有一袋袋的垃圾堆在路旁，等清潔隊員夜裡來收。不過禁止亂丟垃圾的

1 行文至此，我想起友人芮秋。我們曾在漫長的暑假走在布里斯本的西區。當時是早上，但已暑氣蒸騰，宛如一群從柏油路面上飛起的蒼蠅。我們期盼下雨之際，忽然靈機一動，想用破傘的布料來做裙子：一把破傘做成一件短裙，要做長裙的話，就多找幾把破傘的布料。我們當時還打算聯手推出「傘裙」！只可惜年輕時天馬行空的點子雖不少，後來多未能實現。

法令形同虛設，傘也因而隨地可見。我在研究虛構的傘時，發現每個星期至少會有一次看見這樣的「野生」的傘，於是決定記錄起這些傘。

人們如果學一個新的字，在閱讀時會愈發頻繁發現這個字；我開始尋找雨傘時也一樣，傘愈來愈常出現在我的眼前。我試著了解傘的習性，彷彿在追蹤野生動物。我知道要特別注意無人使用的通道、路的盡頭、偏僻的街道與小巷。我審視每個垃圾堆，以及凸出於垃圾桶的奇怪物體。我知道破傘喜歡的天氣（一早狂風呼嘯，接著放晴，太陽露臉後，沒人會想留著壞傘）。沒多久，我光一個星期就能找到好幾把破傘，最高紀錄是五分鐘找到四把。我將這些傘的照片張貼到網路上，朋友也陸續寄來他們在外頭目擊的雨傘照。這過程就像傘的歷史一樣，開枝散葉，生生不息。

我找到的雨傘多半已變形不堪使用，但有些顯然只是被遺忘了。被遺忘的傘有自己的悲傷：康奈利說，在倫敦大眾運輸系統上，每年有八萬支傘被遺忘。他憂鬱地寫著：「每天都有超過兩百支傘被拋棄，在環狀線永無止境地繞行，或在凌晨時分來到燈火通明的公車總站，無家可歸。」

不過，搞丟雨傘和遺忘雨傘，並非當代人獨有的苦惱。打從傘面世以來就有人會忘掉它，宇宙似乎為此造了個小囊袋，讓雨傘能躲進去，就此消失無蹤。或許沒有人比哲學家尼采（Friedrich Nietzsche）更了解這點，他曾在未發表的手稿中寫下一個句子，令後世諸多學者一頭霧水：

「我忘了我的傘。」

這句話乾乾淨淨放在引號中，彷彿恰好聽到有人在進行深奧的對話，又像對某項聲明的真實性懷疑地揚起眉毛。德希達在薄薄的《刺：尼采的風格》中，探詢這句子中可能包含的任何一絲意義或無意義：

這句話從字面上來看：

大家都知道「我忘了我的傘」是什麼意思。我有……一把傘。那把傘是我的。但我忘了它。

耳朵後的花朵，利物浦。

水溝裡的怪物，倫敦。

而這句話可能有指涉的意義：

沒有人會偶然談到閹割檯的縫紉機上，有個沒人要的東西。

或心理層面的意義：

想起來的不僅是那把傘，還有那把傘被遺忘。

以及向傘最令人佩服的天分致意：

人們是否真正需要傘這種東西，可能需要，也可能不需要……即便人們不需要時，仍擁有一把傘。

就像雨傘經常出現在莫名其妙之處，這句來自西方哲學巨擘的隻字片語也是如此。

德希達以近乎幸災樂禍的態度，指出學者費盡千辛萬苦，想搞懂文字的意義。他們認為這句話是「具有重大意義的格言」，並「想盡量貼近作者的思維，探究其深意」。不過也正如德希達指出：

> 為了要確認，就必須遺忘他們探詢的是一段文字，是文本的剩餘部分，而且是被遺忘的文本。或許是傘，而且是已不再握在手中的傘。

若忽略這段文字的書寫脈絡，就無法理解尼采寫下這句子時腦子在想什麼，那麼我們只能臆測其意義——除非我們承認這文本確實「離奇地」只表示字面意義：尼采忘了他的傘。但如今已不得而知，因此這文本或傘的意義仍處於似乎可理解、卻令人困惑的狀態；它「可能是打開或收合，或接下來又收起／撐開……卻是你再也用不到的傘」。

卡夫卡（Franz Kafka）第一本小說《美國》（*Amerika*，未完成，一九二七年去世後出版）中的卡爾．羅斯曼（Karl Rossman），很清楚什麼是再也用不到的傘。這位不懂英文的十六歲德國人帶著微薄的旅費前往美國，即將上岸時，發現傘忘在了船艙。

破碎的花朵，倫敦，耶誕節前夕。

塞進垃圾桶的傘就像《超時空奇俠》（Dr. Who）的反派怪物達利克（Dalek），倫敦。

他在旅途中稍微熟識的一名年輕男子，朝著他喊：「要上岸了，該不會焦慮吧？」——「噢，我準備好了」，卡爾笑道。身強有力的他，開心把箱子扛到肩上。直到他看見朋友與其他人輕輕揮動手杖，才懊惱想起自己的傘忘在下方了。

他請朋友幫他看箱子，趕緊回到下層船艙，卻在迷宮般的走廊上迷了路（很卡夫卡的風格）。他遇上了一名司爐，兩人交上了朋友。這名司爐剛與資深職員口角，卡爾勸他把問題告訴船長，並陪他到船長室。卡爾非常好運，在那裡遇見了從沒想過還有機會聯絡上的叔叔，並得到大量的援助。這一切，都是因為一把失去的傘（不過，這把傘最終沒能找回）。

博文在狄更斯的作品中，發現類似的失而復得模式，雨傘會上演「不見與再現的小劇場」。狄更斯早在第一篇出版的作品〈明斯先生與表兄〉（*Mr. Minns and his Cousin*）.，原名為〈白楊路的晚餐〉〔*A Dinner at Poplar Walk,* 1833〕），就描寫了這樣的傘。這把傘一開始就登場，並在關鍵時刻突然消失。明斯先生是個體面、吹毛求疵的

中年單身漢，「對秩序的熱愛，並不亞於對自己生命的熱愛」。他登場時

> 總是非常乾淨、精準、整齊；或許有點自命不凡，也是世上最不愛與人交往的人。他常穿著一襲棕色長大衣，上頭完全沒有發皺，輕盈的長褲上沒有任何汙點，乾淨的領巾上有漂亮的領帶，靴子上毫無瑕疵；不僅如此，他總是隨身帶一把棕色絲質傘，那傘有個很美的象牙傘柄。

明斯先生有個表哥奧塔維斯・巴登先生（Mr. Octavius Budden），他並不喜歡這位表哥。不過，明斯先生因為親緣近，成了巴登先生兒子的教父，而巴登家邀請明斯先生來吃晚餐，期盼能提升兒子在這單身漢眼中的地位，寫遺囑時留給教子一份好處。這頓晚餐是場災難。明斯先生並不喜歡其他喋喋不休的賓客，更不滿意主人的招待。他在飯局的尾聲設法匆匆離去，搭上最後一班回倫敦的車，卻赫然發現他的傘放錯地方。

> 不過，他找不到這把絲質傘；車伕不能再等，於是開回天鵝客棧（Swan），並留話

給明斯先生，要他「用跑的」趕上。才過了十分鐘左右，明斯先生卻赫然想起這把象牙傘柄的傘留在另一輛馬車上，又趕忙去追馬車；他腳程不快，儘管他好不容易跑回天鵝客棧，最後一班馬車卻早已開走，沒能搭上。

明斯先生在雨夜無傘可撐，被迫走回柯芬園的公寓。他「又濕又冷、忿忿不平、一身狼狽」，回到家時，已是凌晨三點。對明斯先生來說，失去一把傘不只是為一個糟糕的夜晚畫下句點，也具體呈現出布登家威脅了他的秩序與界線。那一晚，不僅傘「完全放錯地方」，明斯先生也是。

在蕭伯納（George Bernard Shaw）的戲劇《賣花女》（*Pygmalion*〔1913〕）中，雨傘經常登場。弗雷迪・埃斯福特—希爾（Freddy Eynsford-Hill）在大雨中撐著傘衝出劇院，撞到賣花女伊莉莎・杜利特爾（Eliza Doolittle），讓她的東西灑落一地。她的怒吼引起亨利・希金斯（Henry Higgins）注意，兩人互動成了這齣戲的主軸。後來，伊莉莎從希金斯家逃離，希金斯到警局詢問她的下落後，遭母親指責莫非把女人當成遺失的傘了嗎?!

皮克林：「警察不太願意幫忙。我想，他認為我們心懷不軌。」

希金斯太太：「當然。你有什麼權利去找警察，告訴警察她的名字，好像她是個小偷或遺失的傘？真是的！」

在《此情可問天》中，巴連安的妻子拜訪施家，確認丈夫的去向時，也有類似的指涉：

門一開，海倫激動地衝進來。

「噢，親愛的，你們知道怎麼了嗎？絕對猜不到的。有個女人到這裡來找她先生……」

「希望你開心了。」廷壁說。

「當然，」海倫尖聲道，「實在開心的經驗……她來找先生，好像她先生是把傘，星期六下午就放錯了地方——但好一段時間也沒造成什麼不便。不過整個夜裡和今天早上，她愈發擔憂。早餐似乎不同了，不，午餐也不一樣了。所以她來到威克漢地二號，認為失物最可能在這裡。」

在十九世紀的通俗劇裡，遺失的傘是反覆出現的主題。十八世紀的英國劇作家約翰・普爾（John Poole）寫的《保羅・普萊》（*Paul Pry*）是一齣三幕鬧劇，一八二五年首演之後，紅遍各地近半世紀，甚至搬上了紐約與雪梨的舞臺。故事主人翁普萊（Pry，有「刺探之意」——果然名符其實）在某人口中是個「游手好閒，好管閒事，無業，而且永遠都想窺探他人的傢伙」。保羅・普萊的招牌之舉，是把傘「忘」在別人家，藉此回去偷聽別人談話。通常普萊會被旁人發現蹲在窗戶邊或鑰匙孔旁，接下來大概會有這樣的對話：

普萊：「抱歉！我忘了傘，就這樣。」

哈蒂：「你這混帳快滾吧，還有你的傘。」

羅德威爾的《雨傘回憶錄》就提到這齣戲。史塔特先生（Mr. Stutters）向赫伯・崔

名劇《保羅．普萊》（Paul Pry）由喜劇泰斗約翰．利斯頓（John Liston）飾演。主人翁普萊常故意把傘忘在別人家，藉故返回偷聽八卦。

維利安（Herbert Trevillian）借傘，打扮成保羅．普萊去參加化妝舞會。普萊在當時（《雨傘回憶錄》於一八四六年出版）很受歡迎的證據，從賓客一看見史塔特扮裝的反應就可看出：

我們一走過來，群眾馬上掀起騷動，喊道：「普萊老兄，沒錯吧，你還沒忘了傘呀，哈哈哈！」

史塔特先生的演出太逼真，以致他自己的傘都懷疑，他這樣扮裝是有實際目的：

史塔特先生時刻牢記著自己扮演的角色，惟妙惟肖流露出真正的保羅．普萊先生的模樣，明智如我開始懷疑，他扮演這個角色的目的並非出自娛樂，而是真的要窺探。

會弄丟雨傘，原因未必只是意外或刻意遺棄。和遺忘傘有關的各種行為，不僅是忘了傘本身，也可能是遺忘傘原本的所屬權利（想想前文提過狄金森詩作的最後一句：

「借到今日」）。十九世紀的英國劇作家道格拉斯・傑洛德（Douglas Jerrold）曾說：

> 有三種東西，只有傻瓜才會借出去。如果想把東西要回來，無疑是痴人說夢。這三種東西是：書本、雨傘和金錢！

在當時，多數紳士攜帶黑色「城市傘」，而濕雨傘就放在公共場所門口的傘架，因此很容易誤拿別人的傘（正如班卓克斯在雨夜的公共草地上，驚慌失措發現拿錯傘）。英國作家阿弗雷德・喬治・賈丁納（Alfred George Gardiner）曾把絲質傘放在傘架，卻被誤拿，只剩下鬆垮、棉質的「討厭東西」。他以此為題，寫了一篇文章〈用傘的品格〉（*On Umbrella Morals*），稱這種良知的小瑕疵為「傘品」不佳。傘品有問題的人：

> 絕不會把手伸進他人的口袋，或者假造支票、搶劫收銀臺——就算有機會也不這麼做。不過，他們會誤拿或交換雨傘，或者忘了還書，偶爾逃火車票。既然找不到他不誠實之舉，就姑且稱他們為誠實的人吧。

根據賈丁納，即使「毫無瑕疵或汙點之人」，也有「傘品出問題的時候」。桑斯特提過這種「和良心捉迷藏」的行為，說那是「借傘時令人不敢恭維的道德舉止」。

沒有傘柄的傘想必是為了處理這類道德小瑕疵而誕生，以供紳士俱樂部成員使用——理由在於，沒有人想要少了傘柄的傘。不過有篇文章的作者指出，「帶這種傘是不適合成為俱樂部一員的舉動，因為他的傘顯然暗指他不信任意氣相投的成員」，因此少了傘柄的傘一直流行不起來，而用傘的紳士「令人不敢恭維的道德舉止」依舊猖獗。在《雨傘回憶錄》中，羅德威爾用以下這段逗趣的文字來指涉傘品：

> 阿弗列德默默等了兩、三天，有天早上……想起還沒把可憐的我送回家。因此立刻拿起我，彌補他的過失，也證明他對我的做法不像社會上的大多數人。他希望己所不欲，勿施於人。

施海倫在音樂廳拿走巴連安的傘，究竟是令人不敢恭維的道德瑕疵，抑或只是粗心大意呢？同情她的讀者自然認為是後者；海倫對貝多芬第五號交響曲演出的反應，表示她心事重重（「音樂概括了她人生已發生或可能發生的事。她認為音樂是具體的宣言，無法取代……生命不可能有其他意義」），無論動機為何，錯拿別人的傘是整本小說的催化劑。

當然，有些人無疑是偷傘賊。伯羅或許曾說「歹徒絕不會帶傘」，不過達爾恐怕看法不同。《換傘的先生》展現達爾的風格，故事中的小老頭兒根本不是表面上看起來的那樣。「我們真好運」，母親用一英鎊換來那位紳士二十英鎊的傘後說，「我從來沒有絲質傘，買都買不起」。她盛讚男子，「他真是個紳士……真真切切的紳士……也很富有，否則不可能有絲質傘。要是發現他沒有爵位，我可不能太吃驚才好。」

但聰明的女兒發現，那位先生到了對街根本不是招計程車：他踏著堅定的步伐，匆匆前往某處。母女倆跟上前去。他直接進入酒館，母女透過窗戶，看見他用一英鎊換了一杯三桶威士忌[2]。之後，他離開酒館時，「模樣一派冷靜輕鬆，根本看不出異狀，接著他從大衣架上掛著的諸多濕傘中拿了一把，旋即離開」。在大雨的街道上，他渾然不知有人在窺視他，又將這把傘與另一人換了一英鎊，接著走進另一間酒館。「原來他要的是這把戲！」母親說。「不錯，」女孩說，「真厲害。」

傘品演變成眾所周知的現象，甚至成為詩的題材。最有名的例子當屬知名法官鮑恩勳爵（Lord Bowen）：

每天落下的雨水
會落在正義之士與不義者的身上，
但多半是正義之士遭淋雨之殃，
因為不義者會偷正義之士的傘。

在《雨傘回憶錄》中提到一對宛如狄更斯筆下人物的投機者，坦率地分析偷傘行為的利弊。敘事者從化妝舞會回家時，敘事者突然從馬車上摔落路面，「沒有人上前幫助，絕望地躺在馬路上」。後來恰好有個像教唆犯費金（Fagin）一樣的先生出現，帶著年輕的「小跟班」，讓他學習這老人的「智慧」，鑑定物品的價值：不像其他的「雨傘兒」（humbrellas），這把傘沒有值得販售的銀製零件。不過，老人看見傘柄上刻有傘主的名字，遂提議歸還，因為「這樣可以得到比賣傘還多一倍的錢」。

在〈傘的哲學〉中，史蒂文森倒是很大方地把傘品不佳或是偷傘行為，歸咎於傘不可能不遺失：

帶傘並不符合人的天性。人類只得一再透過練習，嘗試成為天生帶傘之人……為了繼續下去，人們買了一把又一把的傘，但仍舊有系統地一一遺失，終於因為懊悔的心與逐漸扁去的荷包，放棄掙扎，餘生靠著偷竊與借傘度日。

如今，大多數的傘已不值得偷竊，壞掉時就像糖果紙一樣被到處丟棄，「偷傘」與「令人不敢恭維的道德舉止」已普遍被滿不在乎的心態所取代。就像筆、琴弦撥片與保鮮盒，傘有時被當成是一種無人擁有，權利處於流動狀態的實體，從一個人到另一人手中不間斷地流轉，偶然於心不在焉時讓人拿起，或遺忘。想想在環狀線上永無止境繞圈

2 來自三種不同酒桶的陳年威士忌。

子的傘、集結在失物招領處角落的傘、在職員辦公室中看似無主之傘；有些人會忘記自己有帶傘，但不敢拿走傘，因為怕誤拿別人的傘。我要說的是，今天擁有一把傘，已經不代表持有某個特定物件，而彷彿擁有所有被稱作「傘」的物品：一個人有**一把**傘，但不是**自己的傘**。

在雨傘持續流動的狀態，雨傘的不在比存在更令人注意，就像晚期資本主義常見的症狀。不過在江戶時代的日本，丟棄與遺失傘不僅會引起注意，甚至令人不安；帶點趣味的邪惡，有時甚至有點駭人。

日本妖怪是超自然的魔鬼，起源是人類面向黑暗時的焦慮：原本熟悉的事物卻變得陌生且未知。湯本豪一在藝術收藏〈今昔妖怪大鑑〉的引言中解釋：

> 太陽西下，四下籠罩在黑暗中。白天工作與遊戲的田野，以及不假思索往返的道路，入夜後變成漆黑的空間，不受人類控制。黑暗中能清楚感受到有東西潛伏著。不僅外頭如此。在老屋內，紙燈籠昏暗的光線下，黑暗包圍了無人存在的地方。日本人開始

◀ 唐傘小僧，歌川豐國繪。

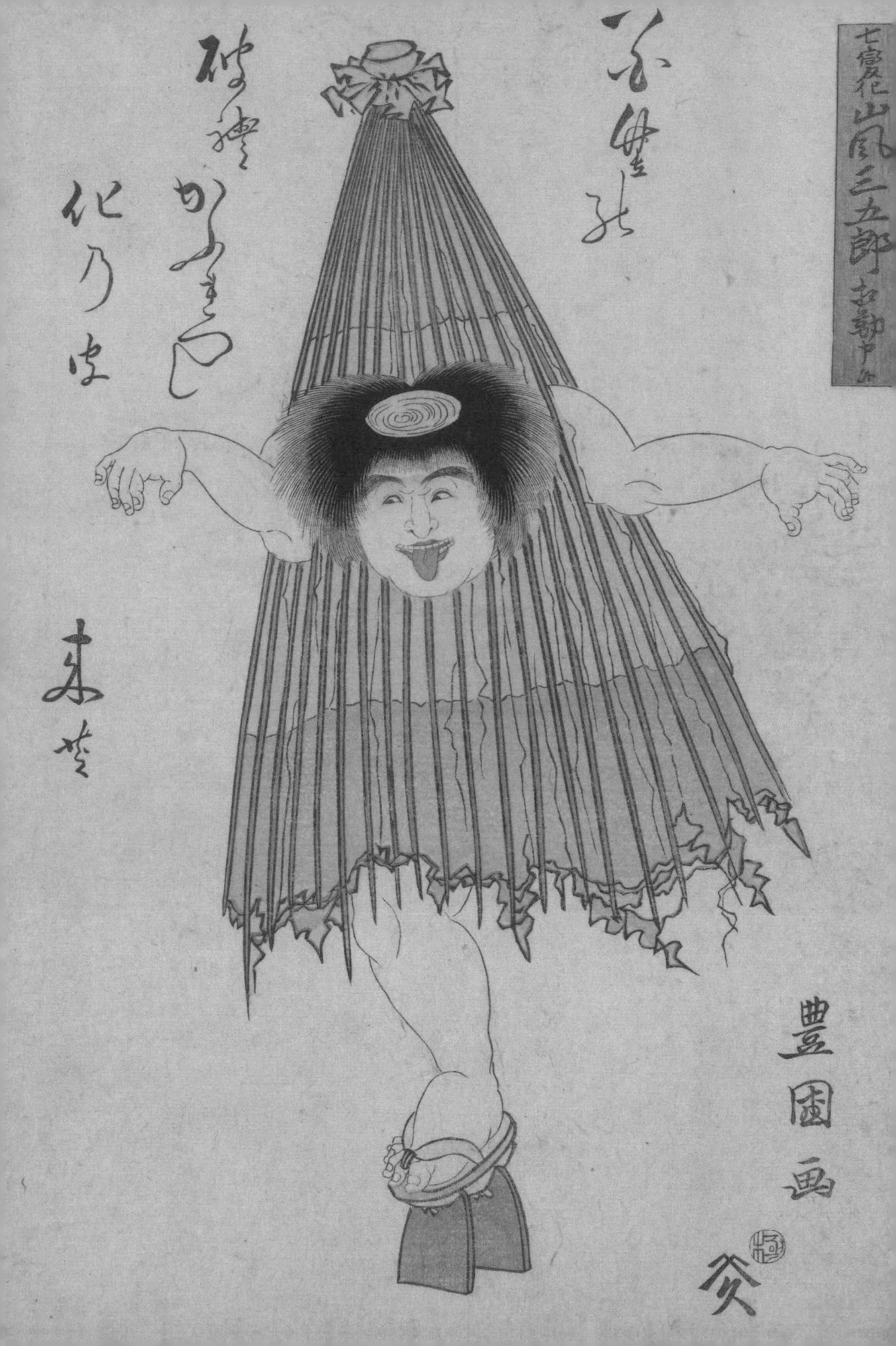
七變化 嵐三五郎相勤申候
豊國画

相信，這樣的地方存在著超出我們理解之物——「妖怪」於焉在內心產生。

妖怪種類繁多，其中一種叫付喪神，是家中受到忽略的古老用品，長年未經使用後變得有靈性——或如湯本豪一說的「傲慢跋扈，狂野不羈」。而這些難以駕馭的付喪神中包括傘，一點也不令人意外。

破舊的傘在日本藝術中，常用來表示生命的脆弱與短暫。然而，傘的復活，又為其存在增加令人不安的面向。十八世紀俳人與謝蕪村的俳句中便提到這現象：

噢，冬雨
在月夜，
舊傘的影子發抖之時。

第三代嵐三五郎家的演員在扮演傘怪的自畫像上題了一首詩：

我的花傘
又破又舊，
裝成妖怪！

傘妖又稱傘鬼、傘怪或唐傘小僧，是歷代繪圖與流傳至今的諸多妖鬼中的重要角色。最早的傘妖圖像出現在江戶時代的畫卷，包括知名的〈百鬼夜行〉。在〈百鬼夜行〉中，傘怪變成人形，有雙手雙腳、拐杖，還有類似地精的臉，臉的模樣像傘，傘柄朝前，傘蓋往後像蓬蓬頭，幾根斷裂的傘骨從繞在中段的布突出。就和童話故事一樣，這畫卷受到大量的模仿、引用與重述，於是產生許多不同版本：其他傘妖的長相還包括傘蓋像帽子一樣打開，或者傘尖有個像頭巾一樣的圍布，也有整個頭都是由傘構成，手把像鳥喙，成了妖精鳥。

日後隨著印刷技術進步，加上木板印刷出現，昂貴的手繪畫卷被平價的版畫所取代。一些知名的角色（包括雨傘）會出現在任何以妖怪為主題的事物上，而傘怪也確立了最知名的模樣：直立的傘、從合起的傘蓋中伸出一條腿，腳上穿著木屐，兩手張開平

拉威爾（Revel）雨傘的海報廣告，一九二二年。

衡身軀，一隻或兩隻眼睛直直看著前方，還張開血盆大口，伸出長而晃動的紅舌頭，模樣相當滑稽。

這種有趣的生物會出現在雙六盤（江戶與明治時代用木板和骰子玩的遊戲）、紙牌童玩、歌舞伎演出、夜光貼紙、昭和時代的貼花，以及近年的電影海報上，例如《妖怪大戰爭》與《東海道驚魂》[3]。在明治時代，神戶會製造產機械玩具，稱為「木芥子」，其中一種就是唐傘小僧。只要轉動發條，唐傘小僧會從籃子裡跳出驚嚇木偶，使木偶的下巴嚇到掉下來。

經過數世紀，唐傘小僧就和許多妖怪一樣，變得愈發親切。原本令人不安的邪惡特質消失了，如今的角色差不多就像是「漫畫中的鬼」。不過，如果脫離了漫畫場景，或許可解讀成資本主義晚期的幽靈：想像一下，如果所有被拋棄的傘、床墊、檯燈、單車、洗碗機、衣櫃、餐具與數不清的雜物統統活過來搗亂人類生活，會是什麼情況？

唐傘小僧在變得愈來愈有靈性之後，也在圖畫中得到了傘的另一種層面：超越一般

3 其中最驚人的畫面來自吉卜力工作室的《平成狸合戰》（高畑勳執導），這裡的百鬼夜行大規模出現在東京街頭，其中就有幾個頑皮的唐傘小僧。

用途與形式，截然不同的嶄新功用。

第七章

跨界的傘

The Brolly Transcendent

狄更斯「雨傘作品」的一大魅力，在於使用了相當多次的傘。我們知道傘不只是傘，而是透過相似度、隱喻或脈絡來象徵其他事物。除了性暗示之外，博文也發現，狄更斯的傘變身為「武器與盾牌……鳥類、包心菜與葉子」。無論傘是否出現在它該出現的地方（就像奎普悼詞中提到的傘），但傘無疑具有無形的層面，反映出數世紀以來人們的思考。其中一大特色在於：傘雖美，卻不方便。傘少有其他用途，壞了之後一無用處，狀態淒涼，無論是丟棄、打開或收合都顯得笨重。另一項特色或許是，傘在視覺上很容易吸引目光。即使在一八五五年，傘蓋的顏色遠不如今日多樣，桑斯特仍興沖沖寫下：

> 在某個古雅的德國小鎮，天空降下滂沱大雨，而在偌大露天市集上，勤奮的人紛紛撐起活動帳篷來擋雨，於是閃亮亮的銅製傘尖與各色雨傘，映入觀看者的眼簾。

美國劇作家莎拉．魯爾（Sarah Ruhl）在〈一百篇我無暇寫下的文章〉（*100 Essays I Don't Have Time to Write*〔2014〕）中，探索雨傘在舞臺上的用途，以及為觀眾帶來

二〇〇五年，斯洛伐尼亞藝術家馬泰．安德拉斯．佛葛林奇斯（Matej Andraž Vogrin i）將一千把傘掛在前墨爾本郵政總局的中庭。從下方仰望，傘形成流動、多圓頂的天花板；若是俯瞰，則像輻射狀的黑色山丘綿延不絕。有時霧氣會飄過這藝術裝置，營造出短暫的錯覺，彷彿在細雨綿綿的一天，待在熱鬧的戶外。

的視覺滿足感。她相信傘的隱喻很有力量（小熊維尼也想用這力量來說服蜜蜂離開蜂巢），特別能讓虛構的背景變得逼真：

雖然位於室外與永恆天空底下的感覺是假的，卻是憑靠真正的物體營造而出。室內一把真正的雨傘雖然不大，卻可創造出無限的隱喻……這把傘固然在舞臺上，但雨是虛構的……一個真正的物體，能創造出幻想的世界。

電影也和戲劇一樣。攝影師往往無法抵擋傘的魅力，因此傘也是電影鏡頭的常客。一九六四年的法國電影《秋水伊人》（Les Parapluies de Cherbourg），一開場就是鳥瞰雨天人行道上雨傘來來往往的景象；一九五二年的《萬花嬉春》（Singin' in the Rain）的經典鏡頭，是金・凱利（Gene Kelly）開心繞著路燈旋轉，彷彿全忘了手上那把傘；奧黛麗・赫本在一九六四年的《窈窕淑女》（My Fair Lady）中，參加賽馬時曾高舉一把漂亮的陽傘。例子不勝枚舉，光是在寫這章書稿的前一週，我看的電影中就出現了兩把傘：二〇〇三年北野武執導的《盲劍客》中，有個鏡頭是在雨水飛濺的屋頂邊緣，俯瞰下方一把破舊的紅色紙傘；二〇〇四年，艾方索．柯朗（Alfonso Cuarón）執導的《哈利波特：阿茲卡班的逃犯》中，一場在暴風雨中舉行的魁地奇比賽，一把傘就像不該出現的葉子倏忽飛過空中。

或許傘的魅力，正來自於無可取代。過去數十年來，科技出現大飛躍，智慧冰箱與自動駕駛車問世，甚至有洗衣機可在洗衣粉即將用罄前自動下訂，但沒有任何虛擬的物品可替代傘。康奈利說的沒錯：「你不可能在行動裝置上下載應用程式來取代傘。」一如工業革命之後，新款式的雨傘對桑斯特「古雅的德國小鎮」而言不合時宜，但今天的傘也一樣，只是理由恰恰相反：我們擁有先進的布料與科技，但傘的基本樣貌、功能與設計在過去一百五十年來幾乎毫無改變。除非傘在設計上出現大革新，或人類發明出無須攜帶像屋頂的遮蔽物就能擋雨，且能普遍應用，否則近期內傘不會有太大的變化。

雨傘受歡迎的程度歷久不衰，激發的想像不僅限於藝術、劇場與劇院；綜觀歷史，作家也善加利用傘的形狀大作文章。本章要談的，是傘如何超越日常形式與機能；例如應用到船隻與飛行器，或化身為棍棒與劍；從傘幾乎像個人，以至人幾乎變成了傘。

狄更斯在〈雨傘〉這篇文章裡曾問：

A VIEW OF MONS[R]. GARNERIN'S BALLOON AND PARACHUTE.
1 The Balloon.
2 The Pilot Balloon.
3 The Parachute.
By which he ascended from the Volunteers Ground, North Audley Street, Grosvener Square Sep.r 21-1802, to the highth of 8000 Feet.
And the Parachute he descended by in a Field near St. Pancras Church, quite safe.
4 The Basket with M. Garnerin's
5 Two letters fixed to the Balloon.
Published Oct.r 22. 1802 by G. Thompson. No. 43 Long Lane West Smithfield London.

加納林的氣球與降落傘。

半個世紀之前，加納林先生（M. Garnerin）靠著從熱氣球上飄下的降落傘，降落到聖潘克拉斯，讓周圍居民嚇一跳，並引來諸多成功與失敗的模仿者，例如老鷹號、迷迭香樹枝號與賽馬場號等熱氣球，還有真正堪稱「現代歐羅巴」的波特文女士[1]，某天傍晚從雲端降下，來到克拉珀姆公共草地（Clapham Common）。要是沒有發明雨傘，這些事還會發生嗎？

答案很可能是否定的。儘管今天的降落傘很難看出是從傘衍生而來，十八世紀末的熱氣球乘客卻從目睹雨傘迎風時難以駕馭的狀態，獲得了靈感，使得傘在降落傘的發展史上占據重要地位。桑斯特撰寫《雨傘的歷史》時，當時所用的降落傘據說「只是大型的雨傘」。

這並不表示，歐洲雨傘迷是最早想到這點的人；歐陸人的雨傘普及度大幅落後其他

1 Madame Poitevin，波特文女士曾騎著公牛，搭熱氣球升空，描繪神話故事中〈歐羅巴與公牛〉的意象。

地區，降落傘也是。

成書於西漢（西元前九〇年）的《史記》曾提到瞽叟的故事。瞽叟想殺害兒子舜，他把舜騙到一處高塔後縱火，而後舜靠著幾頂斗笠安全躍下[2]。十七世紀晚期，暹羅僧人在皇家表演娛樂節目時，會在腰帶上繫兩把傘，從高處跳下。法國發明家約瑟夫—米歇爾・孟戈菲（Joseph-Michel Montgolfier）得知之後，在一七七九年把一頭羊放進籃子，從高塔上推下。但籃子上綁著七呎半的陽傘輔助，因此這頭羊得以慢慢飄落地面上，毫髮無傷。一八三八年，約翰・漢普頓（John Hampton）進一步打造出形狀近似降落傘的傘，直徑長達十五呎。他帶著那把傘，搭熱氣球升空到九千呎高，再跳出熱氣球。十三分鐘後，他安全落地。

桑斯特的著作是一八五五年前降落傘發展較完整的紀錄，有一整個章節提到由雨傘啟發的飛行進程，其中有些可怕的實驗案例。最後，我想稍微再提一下雨傘和降落傘間的甜蜜邂逅——正如班內特提醒傘幫我們擋住的雨水，也是以降落傘的形式落下：

> 我們以為，雨滴落下的樣子和掛在水龍頭下的水滴一樣，頂部尖，底部胖圓。其實

雨滴的樣子正好顛倒。事實是，從雲落下的水滴形狀像降落傘，頂部是圓的，因為空氣壓力是由下而上。

雨傘從降落傘演進到飛行器，是很合邏輯的想像。最知名的例子當屬崔弗絲筆下的仙女保姆瑪麗．包萍。美麗的茱莉．安德魯絲（Julie Andrews）在電影《歡樂滿人間》一開始，從櫻樹巷慢慢降落。而班克斯家的孩子直到最後才親眼目睹包萍的鸚鵡頭雨傘有何魔力——這是一幕悲傷的畫面：

瑪麗．包萍在樓下的大門外，穿著大衣、戴著帽子，一手提著地毯包，一手拿著傘……她在階梯上停了片刻，回頭看一眼大門。接著，她很快打開傘，雖然沒下雨，她仍撐起傘。

一陣狂風呼嘯，滑到她傘下，用力把傘往上推，彷彿要把傘從包萍的手中奪走。但

2 出自《史記．五帝本紀》，瞽叟尚復欲殺之，使舜上涂廩，瞽叟從下縱火焚廩。舜乃以兩笠自捍而下，去，得不死。

她握得緊緊的，風彷彿很滿意，旋即把傘拉高到空中，也把瑪麗．包萍從地面上拉起。風兒輕輕帶著她，讓她的腳趾輕輕拂過花園小徑，之後帶著她越過前門，往上朝著巷子裡的櫻桃樹枝椏飛去。

「她要走了，珍，她要離開了。」麥克嗚咽著……

瑪麗．包萍已經來到空中，飛過櫻桃樹、越過屋頂，她一手緊抓雨傘，一手拎著地毯包……

珍和麥克把空出的手打開窗戶，想盡最後的努力，讓飛行的包萍留下。

「瑪麗．包萍！」他們喊道，「瑪麗．包萍，回來！」

但她要不是沒聽見，就是刻意忽略。她就這樣繼續飛呀飛，飛進雲裡，飛進颼颼的風裡，越過山丘，直到孩子們再也什麼都看不見，只留下樹木在狂暴的西風中屈著腰呻吟。

傘不僅連結了熱氣球駕駛員和降落傘，也牽起帆船與水手的關係。一八四四年，充氣式橡膠救生艇的原型中就有一把傘，搭配上船槳，用來推進與掌握船艇的方向。一八

摘自一九三六年的《論壇畫報》（*La Tribuna Illustrata*），▶
警告捷克孩童把雨傘當作降落傘的風險。

《瑪麗・包萍》最知名的場景。

九六年發展出帆船用的傘形帆具：

船帆張開時，就和打開的大型傘一樣，船的桅杆像傘的中棒，可以比其他形式的帆裝多掛一倍的帆，而船帆也不會讓船傾斜。

隨著船帆製造技術進步，傘形帆具被淘汰，後來默默消失，只留在船帆歷史年鑑中[3]——但很難不令人聯想，那不就是今天船首大三角帆的先驅嗎？

說到水手，只要稍微發揮想像力，就不難發現只要把傘顛倒放置，就能利用表面積與防水特性，來避開下方（而不是上面）的水。對人們來說這並不難聯想，但是對於「沒什麼腦袋的熊」來說，卻是很大的成就。在〈小豬受困記〉（*In which Piglet is Entirely Surrounded by Water*）中，維尼和羅賓收到小豬放在漂流瓶裡的訊息，上面寫著，因為洪水愈淹愈高，他受困家中。於是他們決定找一艘船去救小豬，但是羅賓沒有

3 但是在獨木舟歷史不是如此。獨木舟仍會用傘狀物，輔助長形船槳，或在釣魚時使用。垂釣者仍然使用「傘形釣組」——這種結構近似傘的釣具上掛著魚餌，使魚餌看起來像是一群小魚在浮游。

船：

之後，這隻熊——維尼熊（小豬的朋友、兔子的友伴、「北桿」發現者、安慰驢子並幫牠找到尾巴者）說了很聰明的話，令羅賓瞠目結舌，懷疑眼前是否真是那他認識許久、疼愛許久、沒什麼腦袋的熊。

「我們或許可以搭你的傘。」維尼說。

「？」

「我們或許可以搭你的傘。」維尼說。

「？？」

「我們或許可以搭你的傘。」維尼說。

「！！！！」

忽然間，羅賓發現這樣或許行得通。他打開傘，讓傘尖朝下。傘浮起來，搖搖晃晃，維尼熊登上傘……「我應該稱這艘船為維尼頭腦號」，羅賓說，於是維尼頭腦號優雅地旋轉，往西南方前進。

這些有趣的想像不僅僅出現在童書。一八八三年《陽傘、手套與暖手筒》中，作者烏尚提到了可能出自日本畫冊中的素描：

有個人異常激動，頭髮在風中揚起，眼神憔悴，在顛倒過來的傘中，任由洶湧波濤擺布。他使出渾身解數，緊緊攀著傘柄。

在歷史上，傘有很長一段時間和暴力扯上關係，當作武器。早期有些傘可變成劍，將細劍藏在中棒裡。雖然如今是違禁品，但過去確有不少需求，因此詹姆斯．史密斯父子傘行的彩繪玻璃窗上就有相關描繪，如今依然可見。

和傘有關的凶殺案中，最有名的是發生在倫敦的一起案件。一九七八年，來自保加利亞的異議人士喬治．馬可夫（Georgi Markov）在滑鐵盧橋（Waterloo Bridge）等公車時，忽然小腿一陣劇痛。他回頭一看，只見一名帶傘男子迅速上了附近的車離去。幾天之後，馬可夫死亡，原因是他腿上被打入含有蓖麻毒蛋白的小型子彈。警方推測，這是從改造的傘尖所發射。雖然最後沒有逮到犯人，但一般認為是保加利亞的祕密警察犯下這樁罪行。康奈利指出一九八九年保加利亞政府垮臺時，「在內政部建築物裡，發現了一批改造雨傘，可發射微小的箭與子彈」。

只要看過DC漫畫的《蝙蝠俠》（*Batman*）系列，對於企鵝人奧斯華．切斯特菲爾德．科波特（Oswald Chesterfield Cobblepot）應不陌生。企鵝人是蝙蝠俠的宿敵，揮舞著各種改造成武器的雨傘——其中包括保加利亞人用來謀殺馬可夫的那種。企鵝人的改造傘應有盡有：刀、劍、槍、毒氣無所不包。

《哈利波特》中，海格把傘當作武器的做法又截然不同。他的傘可不像表面看起來那樣。讓我們回到波特十一歲生日令人難忘的場景，那時海格告訴哈利，他是個巫師，得到霍格華茲魔法與巫術學院的入學邀請。威農姨丈大罵哈利與他的父母，甚至把霍格華茲校長批評一番。海格聽了大為不滿：

> 他把雨傘一揮，指向達力，一束紫羅蘭色的閃光出現，類似鞭炮聲與尖叫聲傳來，而下一秒鐘，達力就在原地蹦蹦跳跳，雙手抱著大屁股，痛得大聲哀號。等達力轉過

身，哈利看見他長褲上有個洞，捲捲的豬尾巴鑽了出來……

這是魔法雨傘？不盡然。隔天，海格帶哈利去奧利凡德（Ollivander）店裡選購魔杖時，透露實情：

「我以為你遭到退學時，魔杖被折成兩半？」奧利凡德突然板起臉孔說。

「呃——對，他們折斷我的魔杖，沒錯，」海格說，不安地挪動腳步，「但我還留著碎片。」他快活地說。

「你沒有拿來用吧？」奧利凡德尖銳地說。

「噢，沒有，先生。」海格連忙說。哈利發現，他說話時緊抓著粉紅雨傘。

不過，即使沒有隱藏的劍、毒子彈機關或魔杖，傘也足以造成危害。一八一四年就發生過一場不名譽的雨傘殺人案，後來稱為米蘭的「雨傘戰爭」。奈傑爾．羅傑斯（Nigel Rodgers）在二〇一三年的《打開雨傘》（*The Umbrella Unfurled*）中提到，拿破崙帝國時代有個財政官員朱塞沛・普林納（Giuseppe Prina）曾對人民施加沉重稅負，以符合皇帝的要求。帝國瓦解後，普林納遭憤怒的暴民拖出元老院，用雨傘亂棒打死。

普林納很不幸，他死得很痛，卻沒能死得快。不過，這還不是最怪異的死法。意第緒語中有一種不確定起源的詛咒，提到傘對肉體施加最可怕的暴行：「願他不得好死！願他吞下一把傘，傘在肚子裡打開！」

十九世紀晚期有一本自我防衛手冊，書名是《闊劍與單棍》（*Broad-Sword and Single-Stick*），裡頭有一整個段落在談傘。作者呼應了許多愛傘人的憤怒，認為傘的地位過於被貶低。他寫道：

> 作為現代戰爭的武器，傘並未取得公平的地位。的確，人們提起傘時多帶著輕蔑與不屑，但只要交給強壯憤怒的老太太，一把結實的傘無疑能對敵手造成嚴重傷害。

作者還建議以兩種方式來應用雨傘——鈍劍（就像擊劍時，以單手攔擋輕戳），以及刺刀（以雙手用力抓傘刺戳）。

《伊莉莎白不見了》中，瘋女人在街上追逐著茉德時，似乎是採用「棒打」這招：

我把食物抱在胸前，等電車經過。忽然間，我的肩膀砰地遭到重擊。我心臟狂跳，喉嚨吁了口氣。電車的末節車廂終於緩慢駛離，這時她又砰地再打我一次。我飛奔過街，她跟了上來。我直往我家街道衝，慌忙中水蜜桃罐頭掉落。她緊追不捨，嚷著我聽不懂的話語……後來，我的肩膀瘀青好幾個星期，在淺色皮膚下形成暗暗的一塊。瘀痕的顏色就和瘋女人的雨傘一樣，彷彿是雨傘的某部分留在了我身上，就像是從斷翅落下的一根羽毛。

德希達把雨傘描寫成雌雄同體，是武器也兼具防禦功能。傘打開時不僅能遮陽擋雨，甚至可以擋住子彈！歷史上至少就有兩位知名領導人曾以強化過的雨傘作為防護。維多利亞女王經歷一次行刺之後，就用上好幾把鋪著鎧甲內裡的陽傘。法國總統尼古拉．薩科奇（Nicolas Sarkozy）在二〇一一年曾斥資相當一萬英鎊的金額，打造克維拉纖維（Kevlar）防彈塗層傘，讓隨扈在護衛他的時候使用。這把傘顯然非常堅固，隨扈甚至可以用它砸爛桌子。

桑斯特提過一個聽起來更異想天開、發生在殖民時代印度的例子。故事中的傘防禦功能可說前所未見：

在印度某個地方，一群人正愜意聚在一起，享受野餐派對。忽然間來了一名不速之客——孟加拉虎。多數人當然速速走避，別與這隻叢林居民硬碰硬。然而派對上有個女士不這麼想。不知是天生勇氣十足，還是怕失去食物，或兩者皆然，總之她一把抓起傘，在眼巴巴望著棕色的咖哩和冒氣泡的艾索普啤酒（Allsop）的老虎面前忽然打開。那隻吃驚的猛獸轉身逃開，女士保住了餐點。

想必也保住了一命。

美國總統甘迺迪一九六三年十一月二十二日遇刺，事發前幾秒曾出現一把傘，至今仍引來陰謀論。當時有人拍到「雨傘人」路易・史蒂芬・威特（Louie Steven Witt）在總統座車遭到射擊之前，曾高舉雨傘。約書亞・湯普森（Josiah "Tink" Thompson）是最先在影片中瞥見雨傘人的調查人員之一，並在一九六七年的著作《達拉斯的六秒：甘迺迪遇刺小調查》（*Six Seconds in Dallas: A Micro-Study of the Kennedy Assassination*）中，提到威特與他的傘。甘迺迪遇刺當天是晴朗的天氣，除了威特，沒有人攜帶雨具，因此衍生各式各樣的陰謀論。其中一項指出，這把傘本身是就是武器，用來朝甘迺迪的喉嚨發射癱瘓箭。還有一種論點是，威特將傘舉高又放下，是向發射子彈的人打信號。美國作家約翰・厄普代克（John Updike）曾在一九六七年十二月號的《紐約客》（*The New Yorker*）中論及湯普森的著作。他寫道：

（雨傘人）緊緊跟在歷史的脖子周圍，被盲目崇拜……我們好奇，是不是真有個祕密藏在這裡，一旦仔細審視這事件的一小部分時空，是否會像觀察雨傘表面時，發現奇怪的縫隙、不平整、彎曲或氣泡等怪異之處。

即使湯姆森的著作性質是微觀分析，但他同意厄普代克的話：埃洛・莫里斯（Errol Morris）二〇一一年的短片《誰是雨傘人》（Who Was the Umbrella Man?）中談到，湯姆森接受威特的解釋，亦即威特於一九七八年在美國眾議院暗殺調查委員會（House Select Committee on Assassinations）前的說詞。威特宣稱，他高舉黑傘是為了抗議，但對象不是甘迺迪本人，而是他的父親約瑟夫．甘迺迪（Joseph P. Kennedy）。約瑟夫．甘迺迪在擔任美國駐英大使期間，曾支持張伯倫為人唾棄的納粹綏靖政策。湯普森說，「我讀到之後，心想『這理由實在太蠢了，但可能是真的！』」

在一九六三年，張伯倫的傘和這把傘相比多少已相形失色，但是從純粹雨傘學的觀點來看，威特的解釋當然說得通。不過，YouTube上這部影片有無數評論秉持不同的看法，而在半世紀之後，威特的雨傘依然引起諸多揣測。

接下來換個比較輕鬆的話題。雨傘不僅可以讓人躲起，也很方便藏東西。《丁丁歷險記》的作者艾爾吉（Hergé）的《圖納思博士失蹤記》（*The Calculus Affair*〔1960〕），心不在焉的圖納思教授（Cuthbert Calculus）開發出一種能粉碎玻璃的超音波技術，他擔心會被當作武器使用。為了尋求建議，他前往瑞士找友人商量，卻在半路被綁架。丁丁與哈達克船長（Captain Haddock）動身尋找他的下落，竟找到了教授向來不離身的

© Hergé／Moulinsart 2016

傘。那是丁丁的狗米魯找到的，牠將這把傘啣在口中到處走。等到他們終於攔截到圖納思時，博士第一件事情就是嚷著「我的傘！我的傘！」——不過後來他又被挾持失蹤。

他們在最後一次拯救圖納思博士之前，又再度弄丟他的傘，而這一次他們急著尋找博士，連坦克與槍砲都出動了。圖納思博士即使命在旦夕，仍舊在問：「我的傘！你們看到了我的傘嗎？」這回哈達克博士破口大罵：「你這可惡的臭藤壺，你的傘！現在真是擔心傘的好時機啊！」不過，最後還是找回了傘，並創下文學史上最幸福的人傘團圓時刻；圖納思把傘抓到胸口前嚷道：「我的傘！可愛的小雨傘！終於找到你啦！」真相大白，原來圖納思博士把他珍貴的發明藍圖藏在傘的空心中棒裡。

先不談海格的魔杖與蝙蝠俠的企鵝人（或許還有雨傘人！），作家還有更突破想像力的雨傘用途——產生幻覺。西蒙・波娃在回憶錄的第二卷《鼎盛人生》（*The Prime of Life*〔1960〕）中提到沙特初次嘗試梅斯卡林迷幻藥（mescaline），奇妙的是，沙特體驗到的竟是幾把雨傘：

> 我們約好，那天傍晚我要打電話到聖安妮醫院（Sainte-Anne）。沙特以濃重模糊的聲音說，我的電話將他從與魔鬼魚的戰爭中拯救出來，他眼看就要輸了……他不完全是有幻覺的，但他看見的事物都變成可怕的模樣：雨傘變成猛禽、鞋子變成骷髏、臉上的五官長出了怪物，而他從眼角瞥見身後滿是螃蟹、珊瑚蟲與凶神惡煞般的不明物體。

其他關於傘與怪物的連結，出現在佩里的《艾賽克斯之蛇》：首先，有個女孩看見書名中的蛇，那是一隻「蜷起的蛇，有傘般張開的翅膀」。之後，一隻死去的巨大海洋生物被沖上岸：

傘精，選自《雨傘回憶錄》。

沿著脊髓長的單一魚鰭殘骸仍在：像傘骨那樣伸出，每根骨頭間有殘存的薄膜，在東風裡漸漸乾枯、分解四散。

羅德威爾的《雨傘回憶錄》中，雨傘的轉變實在很了不起。先前提過，這把傘超越了它身為物品的地位，變得有靈性，並以維多利亞典型的複雜敘事風格，訴說自己被一個個登場人物遺失、借走與遺忘的故事：「在這裡拿起、那邊放下，或從車廂掉

《雨傘回憶錄》敘事者。

落，或掛在鉤子上。」這把雨傘說，誰能比它有更多的觀點？

無論是攤開、又濕又冷放在僕人飯廳，或是乾爽地收在管家房；無論是在一對快樂的愛侶頭上羨慕地俯視，或者直直夾在尊貴的主人胳臂下——雨傘都能觀察人性。

這個觀點代價可不小。於是雨傘忿忿地說：

說到奴隸！還有什麼比傘更好的例子！我們暴君般的主人前一刻才高舉起

我們，下一刻又放低，不，是把我們插入泥淖！的確，我們也有陽光普照的時刻，但少之又少：或許對我們的健康來說，愈少愈好，畢竟壞天氣比較適合我們。壞天氣時雨傘會被舉高，讓人們顯得低下。

我們得知，儘管雨傘得完全仰仗人類移動，卻仍有自己的七情六慾。雨傘經常因為在重要時刻被移開而惱怒——「就在我想停留不動的那一刻卻被帶走，常常令我十分惱怒」——他一度心想，「如果可憐的傘都能感覺到，真正的血肉之軀感覺不到嗎？」雖然傘自身無法移動，卻常激動萬分，例如「我的絲開始顫抖」，以及「這名字震動了我每一根鯨骨」。最重要的是，在談到奴隸時，它慶幸自己派得上用場：

我們還沒走到新路，雨就開始下了。雨勢雖然不大，但我估計應該足以撐傘……雨又倏然停止，和驟然開始一樣，於是我被放下來，覺得自己不再有任何重要性。

從諸多標準來看，《雨傘回憶錄》的主軸或許荒謬，卻能吸引讀者意猶未盡地讀完

（至少相當吸引我），已可說是對作者的讚美。話雖如此，有靈性的雨傘不只出現在十九世紀的絕版小說或日本的妖怪傳說唐傘小僧。與謝蕪村曾寫下一首俳句，當中以充滿趣味的筆調，提到兩種無生命之物的情感：

春雨
那道盡一切的
蓑衣與雨傘

英國詩人丹妮絲．雷麗（Denise Riley）在詩作〈紅村〉（*Krasnoye Selo*）中有個精采的逆轉，讓雨傘成為主角，擁有意志力；傘下的人只不過是扛著傘的人，是輔助者，類似希臘與埃及的奴隸，負責把傘蓋撐在統治者頭上。

或許最精采的跨界描述，來自人與傘之間。賽爾夫是箇中高手。他筆下的奧黛莉在整本書中象徵著機械時代的種種焦慮。她不只一次發生了很大的轉變，總共兩次。第一次在她的腦炎復發之前。那時，一陣風忽然颳起，奧黛莉的手臂：

飛離起來，從肋骨上不平穩地彈起展開，之後彎回，因此鉚釘彎曲，發出啪的一聲……她的長襪半捲在僵硬的腿上，柄裝在破舊的皮靴，嘎搭嘎搭穿過地窖的格柵……

奧黛莉暫時與傘合而為一是個預兆，因為不久之後，她會和破傘一樣，遭到拋棄與遺忘。她最後罹患不治之症，被關進精神病院，度過餘生。

但是將人類和傘混為一談，並非賽爾夫的專利。諾貝爾文學獎得主、澳洲作家派屈克・懷特（Patrick White）在一九六一年《乘戰車的人》（*Riders in the Chariot*）中，描寫的登場人物海爾小姐（Miss Hare）也有類似經歷，但轉變更幽微。海爾小姐是小說中四名靈視者之一，性格縹緲悠遠，且有許多截然相異的特質。小說開頭不久就以短暫的比喻，恰到好處凸顯了她這種邊緣、跨界的人格特質：

海爾小姐離開郵局往前走，在蒼白的日輪下，穿過潮溼的蕁麻味。珍珠般的晨光，早晨的羊毛為這千年帶來希望。然而，路面與高德勃茲住的小屋之間，燒過的黑莓叢呈現鏽色，懶洋洋地蜷伏等待，彷彿在說敵人或許尚未撤退。海爾小姐經過時，幾根樹刺附著到她的裙褶，勾起裙褶，愈拉愈緊、愈拉愈緊，直到她往後開展，成為半個女人，半個傘。

◀ 下雨的房間，倫敦巴比肯中心，二〇一二—一三年。

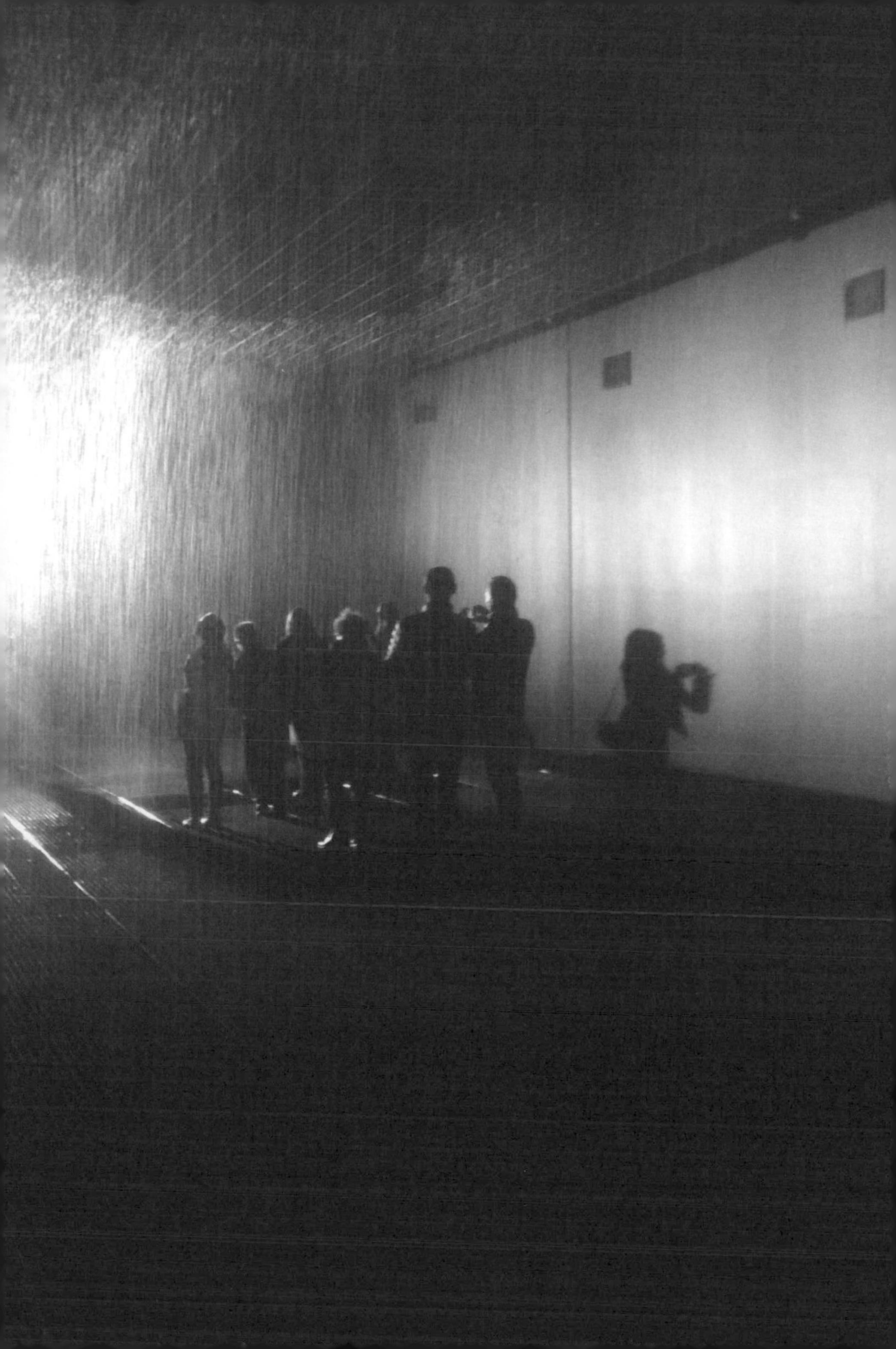

尾聲

沒有傘的時候

二〇一二到一三年的冬天，倫敦巴比肯藝術中心（Barbican Centre）裡下起了雨。「隨機國際工作室」（Random International）的藝術家漢斯・柯赫（Hannes Koch）、弗羅里安・奥特克拉斯（Florian Ortkrass）與史督華・伍德（Stuart Wood），將巴比肯中心的曲線藝廊（Curve gallery）改造成一百平方公尺的暴風雨場地。他們把這展場命名為「下雨的房間」（Rain Room），這項免費展覽備受歡迎，有人甚至願意排上八小時的隊等待進場。同年稍晚，這項展覽移師紐約現代藝術博物館（Museum of Modern Art）。

這項展覽經過縝密構思，在室內持續降下暴雨，模擬雨下個不停的情境、聲音與溼度，這是一場傑出的藝術實驗。不僅如此，每個灑水器裝著精密的感應器，若偵測到下方有人，就會立刻關閉，讓觀眾就算走完整場展覽，也完全不會淋溼。當然，你得慢慢走，畢竟感應速度沒那麼快，無法偵測突如其來的移動或奔跑的孩童——那又是另一回事了。

沒有庇護之處卻得到遮蔽，可說是奇妙得近乎不可思議。站在雨的邊緣，伸出一隻手想摸摸雨水，但手不會濕，肯定讓人留下深刻印象。在展場漫步時，倒也類似撐傘走在雨中，只是雨很近，卻連一滴都碰不到。唯一讓你免於淋溼的，就是你自己。這具體呈現出當恩說的「吾輩乃是一己之傘」：你漸漸察覺到，光是靠著自己的存在，就能包覆自己、保護自己。

這種方式能強烈提醒人身體的存在，也讓人想起過去帝王及其華蓋下象徵的安全網是多麼備受尊崇。如今我們已無法感受到這般來自外界的保護與安全感，因此在這小小的展場空間不過二十分鐘的漫步，所發現從內在湧現的庇護，實在令人驚奇且安心不已。

然而，人類剛出現在世界上時，就和雨的力量並存。數十萬年來，人類學習改造環境、衣著、庇護之處與城市，讓雨水繞道，流入渠道，也留下雨水。科學家指出，人體為了回應雨水，因而發生演化——如果手指泡在水中太久，就會像酸梅一樣發皺，這讓人類的古早祖先在雨天爬樹時可抓住溼滑的樹枝。雨也時時提醒我們，說明我們只是屬於這個世界，卻無法掌控這個世界。

下雨的房間既奇妙又美麗。例如雨聲聽起來雖療癒，而在陰暗彎曲的空間裡，又隱約有白光穿過暴雨——你的身體保持乾燥，卻感覺從世界脫離。這種令人不安的感覺，大概就像鬼魅：有形體，卻無法觸及周遭，也無法互動。

傘是控制周遭環境的一項方法。這是一種選擇性的運用，是對環境的干預。撐起一把傘就像在說：謝謝你，但我其實不想撐。

正因如此，傘依舊是社會上的邊緣人，只在雨天與熱天時才有用，因此常被遺忘。我們會注意到傘，多半是因為手中沒有傘，沒辦法介入自己與天空的晴雨之間。

這通常會被當成是壞事。讓我們最後一次回頭看賽爾夫的《傘》吧！來看看布斯納・薩查理醫生（Dr Zachary Busner）的脆弱時刻；他得不到庇護的心靈，透過在陣雨中缺乏遮蔽的身軀而更加凸顯：

> 他心想，如果我是電視上那位衣冠楚楚的青年，我就會帶傘。但他既不衣冠楚楚，更不是個青年，也不在電視上——所以他來的時候只能彎腰駝背，披著濕透的運動外套，灰色的法蘭絨長褲也顯得更灰了。

英國作家湯瑪斯・哈代（Thomas Hardy）的短篇故事《三個陌生人》（*The Three Strangers*〔1883〕）開頭，寫了一段關於傘的巧妙描寫。三個陌生人在風強雨驟的夜裡，來到一處偏僻的房子躲雨：

橫向的雨水重重打向牆壁、斜坡與樹叢……小鳥試圖在細瘦荊棘上棲息，尾巴卻像傘一樣，被吹得內往外翻捲。

作者高明地描寫小鳥尾巴由內往外翻的姿態，影射三位登場人物缺乏的庇護。但沒有傘就一定是壞事嗎？美國作家赫曼．梅爾維爾（Herman Melville）的《白鯨記》（*Moby-Dick*〔1851〕）中就有個不撐傘的角色，象徵著堅毅——或許有點「怪異」，但相當強悍：

沒錯，那就是知名的梅坡神父（Father Mapple）……他年輕時曾當過水手和魚叉手，但多年前就已把人生奉獻給神職。我現在寫下這字句時，梅坡神父在寒冬中老當益壯……只要聽聞他的過往，初次見到他時，必定饒富興味盯著他。他的神職特質宛若移植而來般的怪異，或許是因為早年冒險的航海生活所致。他進來時，我發現他沒帶傘，肯定也不是搭馬車來，因為他身上的防水油布水光閃亮，而大件的引航員外套也因為吸飽了雨水，幾乎把他拖到地上。

許多文字作品中都描述過共撐一把雨傘所散發的情感力量，但是沒撐傘就能迸生情愛的例子比較少見。川上弘美二〇〇一年的《二手雜貨店之戀》中，主角對同事健夫萌生愛意的暗示相當細膩，是從他被雨水淋溼的皮膚表現出來：

健夫沒撐傘就出門，回來時，淋成了落湯雞。中野先生扔一條毛巾給他……濃濃的雨水味，從健夫的身上散發出來。

我想起二〇一〇年時在布里斯本的一段回憶。那天原本豔陽高照，友人和我坐在咖啡店。不久黏膩的空氣迅速被深棕色的雲朵和涼風取代，知了的唧叫聲沉默下來，遠方雷鳴愈來愈近，閃電劃過天空。我們付錢時，大大地嘆了口氣，只見大滴雨水落下，一開始慢慢的，沒多久變成傾盆大雨，沖刷著柏油路、水溝與樹木。我們走到戶外，想聞雨水的氣味。可是我快遲到了，沒辦法等雨停，而車子又停在友人家。因此我們從一棵樹衝到另一棵樹下，大滴雨水打在我們的頭髮與臉上，一下子就全身濕透。我們放棄了，乾脆用走的，淋成落湯雞卻樂不可支。這是超越雨傘的可能性。我們沒有雨傘，那天也不想撐雨傘。

怪的是，我會動手寫這本書，是因為我並不喜歡撐傘，直到最近才改變。渾身濕透對我來說並不困擾：我向來寧可全身溼，而不是身體乾、腳踝溼，或和別人尷尬地擠在一把傘下。我想這是因為童年時在溫暖的地方生活，空氣對於濕透的身體很仁慈。你可以衝到室外，淋漓暢快地曬乾皮膚，又不用擔心得到肺炎。

但我一向喜歡傘——因為傘的形式與機能十分優雅，壞掉時又備感可憐，惹人同情。搬到英國之後，我學到要注重保暖，別在雨中遊蕩。我愈在一本本的書中搜得傘的蹤影，翻遍歷史、找尋倫敦大街小巷，就愈是欣賞傘。傘能在寒冷的雨中帶來美妙的舒適與空間感，又具有許多意想不到的文化特性；而當你心想「不，我其實不想撐傘」時，傘會低調地介入。

謝詞

謝謝雨傘獵人

就像養育孩子需要一整個村落，這本書能問世，是仰賴跨國親友團與出版專業人士的協助。深深感謝多年來給予支持、協助書稿完成的人，尤其是：

這本書最早的讀者：吉莉安．蘭金（Gillian Rankine）、彼得．蘭金（Peter Rankine）與傑克．莫瑞（Jake Murray），每週盡責閱讀零星的章節，表現得興味盎然，給予愛與鼓勵。謝謝媽媽，妳會用舊的金色大傘，遮蔽嫩萵苣；爸爸，謝謝你為這本書的形式提供好點子。

也要感謝接下來的讀者：莎莉．莫洛伊（Sally Molloy）、艾咪．奧斯丁（Amy Austin）、菲爾．沃許（Phil Walsh）與瑞秋．沃克（Rachel Walker）。謝謝你們體貼給予建議，動手寫下筆記，提供歷史指引，還為我烹煮家常菜。

謝謝強納森．魯賓（Jonathan Ruppin）慷慨給予建議、回饋，支持所有書籍與出版事務。

感謝梅維爾出版公司（Melville House）每一位參與編輯、美術設計與後製過程的人，尤其是丹尼斯．強森（Dennis Johnson）與維樂莉．梅里安（Valerie Merians）、妮琪．葛理菲斯（Nikki Griffith）、蘇珊．瑞拉（Susan Rella）。我的編輯萊恩．哈林（Ryan Harrington）不時伸出援手，當個無比細心的讀者；感謝設計師馬琳娜．杜魯克曼（Marina Drukman）將其貌不揚的Word文件，變成超美的版面。再也找不到更高明的人能處理這本書了。

感謝我的好先生傑克，陪著我一起天馬行空冒險，也是世上唯一懂得如何對付我拖延天分的人。

謝謝雨傘獵人。因為有諸位親友、同事與我分享喜歡的雨傘故事、照片、藝術作品、音樂、電影與文字作品，也幫助了這本書順利成形。

最後要謝謝比蒂（Bydie），雖然他不能在這裡讀到，但少了他，許多美好的事不會發生。

參考書目

1. Agualusa, José Eduardo. *A General Theory of Oblivion*. Translated by Daniel Hahn. London: Vintage, 2016.
2. Atwood, Margaret. *The Blind Assassin*. 2000. Reprint. London: Virago, 2008.
3. Austen, Jane. *Persuasion*. 1816. Reprint. Middlesex: Penguin Books, 1965.
4. Barnctt, Cynthia. *Rain: A Natural and Cultural History*. New York: Crown, 2015.
5. Beaujot, Ariel. *Victorian Fashion Accessories*. London: Berg, 2012.
6. Bowen, John. "Dickens's Umbrellas." *In Dickens's Style*, edited by Daniel Tyler, 26–45. Cambridgc: University of Cambridge Press, 2013.
7. Cannadine, David. "Neville Chamberlain's Umbrella." *Prime Ministers' Props*. BBC Radio 4. London: 103–105 FM. August 10, 2016.
8. Carey, John. *The Violent Effigy: A Study of Dickens' Imagination*. 1973. Reprint. London: Faber & Faber, 1991.
9. Carver, Lou. "Top This... The Story of Top Hats." *Victoriana Magazine*. Accessed August 12, 2016. http://www.victoriana.com/Mens-Clothing/tophats.htm.
10. Chesterton, G. K. *The Innocence of Father Brown*. 1911. Reprint. London: Penguin Books, 1950.
11. Connelly, Charlie. *Bring Me Sunshine*. 2012. Reprint. London: Abacus, 2013.
12. Crawford, T. S. *A History of the Umbrella*. Devon: David & Charles, 1970.

13. Dahl, Roald. "The Umbrella Man." In *Collected Stories of Roald Dahl,* 796-802. London: Everyman's Library, 2006.
14. De Beauvoir, Simone. *The Prime of Life*. Translated by The World. 1960. Reprint. Middlesex: Penguin Books, 1965.
15. Defoe, Daniel. *Robinson Crusoe*. 1719. Reprint. Oxford: Oxford University Press, 1998.
16. De Lautréamont, Comte. *Les chants de maldorer.* Translated by Alexis Lykiard. Cambridge: Exact Change, 1994.
17. Derrida, Jacques. *Spurs: Nietzsche's Styles*. Translated by Barbara Harlow. Chicago: University of Chicago Press, 1979.
18. Dickens, Charles. *Martin Chuzzlewit*. 1843. Reprint. London: Penguin Classics, 1986.
19. Dickens, Charles. "Mr Minns and His Cousin." 1833. Charles Dickens Page. Accessed October 31, 2015. http://charlesdickenspage.com/mr_minns_and_his_cousin.html.
20. Dickens, Charles. "Please to Leave Your Umbrella." Household Words 17 (1858): 457– 59.
21. Dickens, Charles "Umbrellas." *Household Words* 6 (1853): 201.
22. Duncan, J. S. *Hints to the Bearers of Walking Sticks and Umbrellas*. London:J. Murray, 1809.
23. Flaubert, Gustave. *Madame Bovary*. Translated by Geoffrey Wall. 1992. Reprint. London: Penguin Books, 2001.
24. Forster, E. M. *Howard's End*. 1910. Reprint. London: Penguin Classics, 2000.
25. Forster, E. M. *A Room with a View*. 1908. Reprint. London: Penguin Books, 1978.
26. Gardiner, A. G. "On Umbrella Morals." English in CCE. Accessed October 24, 2014. http://www.englishincce.in/2014/05/on-umbrellamorals.html.

27. Greene, Graham. *The End of the Affair*. 1951. Reprint. London: Vintage Classics, 2012.
28. Hardy, Thomas. "The Three Strangers." 1883. East of the Web. Accessed February 23, 2016. http://www.eastoftheweb.com/short-stories/UBooks/ThreStra.shtml.
29. Harshav, Benjamin. *The Meaning of Yiddish*. Berkeley: University of California Press, 1990.
30. Healey, Emma. *Elizabeth Is Missing*. London: Viking, 2014.
31. Hergé. *The Calculus Affair*. Translated by Leslie Lonsdale-Cooper and Michael Turner. 1960. Reprint. London: Egmont, 2012.
32. Kafka, Franz. *Amerika*. Translated by Edward Muir. New York: New Directions, 1962.
33. Kang, Han. *The Vegetarian*. Translated by Deborah Smith. London: Portobello Books, 2015.
34. Kawakami, Hiromi. *The Nakano Thrift Shop*. Translated by Allison Markin Powell. London: Portobello Books, 2016.
35. *Kirby's Wonderful and Scientific Museum, or, Magazine of Remarkable Characters*. Vol. 2. London: R.S. Kirby, 1804.
36. Köhler, Stephen. "Parents of Private Skies." In Julia Meech, *Rain and Snow: The Umbrella in Japanese Art*. New York: Japan Society, 1993.
37. Koichi, Yumoto. *Yokai Museum*. Translated by Pamela Miki Associates. Tokyo: PIE International, 2013.
38. Kundera, Milan. *The Unbearable Lightness of Being*. Translated by Michael Henry Heim. London: Faber and Faber, 1985.
39. Kureishi, Hanif. "The Umbrella." In *Collected Stories*. London: Faber and Faber, 2010.
40. Lewis, C. S. "It All Began with a Picture... " In *On Stories: And Other Essays on Literature*. Orlando: Harcourt, Inc., 1982.
41. Lewis, C. S. *The Lion, the Witch and the Wardrobe*. 1950. Reprint.

London: Collins, 1998.
42. Mantel, Hilary. *The Giant, O'Brien*. London: Fourth Estate, 1998.
43. Meech, Julia. *Rain and Snow: The Umbrella in Japanese Art*. New York: Japan Society, 1993.
44. Melville, Herman. *Moby-Dick; or, The Whale*. 1851. Reprint. London: University of California Press, 1979.
45. Milne, A. A. *Winnie-the-Pooh*. 1926. Reprint. London: Mammoth, 1989.
46. Mullan, John. "Ten of the Best... Brolleys." *The Guardian*. September 18, 2010. Accessed March 23, 2013. https://www.theguardian.com/books/2010/sep/18/10-best-brolleys-in-literature.
47. Park, Ruth. *The Harp in the South*. 1948. Reprint. London: Penguin Classics, 2001.
48. Perry, Sarah. *The Essex Serpent*. London: Serpent's Tail, 2016.
49. Poole, John. *Paul Pry: A Comedy, In Three Acts*. New York: E. M. Morden, 1827.
50. Ray, Man. *L'Enigme d'Isidore Ducasse*. Tate exhibit 1972. Accessed September 29, 2016. http://www.tate.org.uk/art/artworks/man-raylenigme-disidore-ducasse-t07957.
51. Riley, Denise. "Krasnoye Selo." In Say Something Back. London: Picador, 2016.
52. Rodgers, Nigel. *The Umbrella Unfurled: Its Remarkable Life and Times*. London: Bene Factum, 2013.
53. Rodwell, George Herbert. *Memoirs of an Umbrella*. London: E. MacKenzie, 1845.
54. Rowling, J. K. *Harry Potter and the Philosopher's Stone*. 1996. Reprint. London: Bloomsbury, 2001.
55. Ruhl, Sarah. *100 Essays I Don't Have Time to Write*. New York: Farrar, Straus and Giroux, 2014.

56. Sangster, William. *Umbrellas and Their History*. 1855. Reprint. Editora
57. Griffo, 2015.
58. Self, Will. *Umbrella*. London: Bloomsbury, 2012.
59. Sewell, Brian. *The White Umbrella*. London: Quartet, 2015.
60. Shaw, George Bernard. *Pygmalion: A Romance in Five Acts*. 1913. London: Penguin Classics, 2000.
61. *Shorter Oxford English Dictionary*. 6th edition. 2 vols. Oxford: Oxford University Press, 2007.
62. Solomon, Matthew. "Introduction." *In Fantastic Voyages of the Cinematic Imagination: George Melies's Trip to the Moon*, edited by Matthew Solomon, 1–24. New York: State University of New York Press, 2011.
63. Stevenson, Robert Louis. "The Philosophy of Umbrellas." 1894. In *Quotidiana*. Edited by Patrick Madden. March 24, 2007. Accessed November 1, 2013. http://essays.quotidiana.org/stevenson/philosophy_of_umbrellas.
64. Travers, P. L. "Mary Poppins." I*n The Mary Poppins Omnibus*, 11–222. Leicester: Carnival, 1999.
65. Turfa, Jean M. "Parasols in Etruscan Art." *Notes in the History of Art* 18, vol. 2 (1999): 15–24.
66. Uzanne, Octave. *The Sunshade, the Glove, the Muff*. London: J. C. Nimmo and Bain, 1883.
67. Watson, Norman. "Text and Imagery in Suffrage Propaganda." 2007. Scottish Word and Image Group. Accessed February 7, 2017. http://www.scottishwordimage.org/debatingdifference/WATSON.pdf.

尼采忘了他的傘：
這些傘，撐出一個時代！那些你沒聽過的生活、文學、歷史、藝術中的傘
Brolliology: A History of the Umbrella in Life and Literature

作　　者　瑪麗恩・蘭金（Marion Rankine）
譯　　者　呂奕欣
社　　長　陳蕙慧
副總編輯　戴偉傑
特約主編　周小仙
行銷企畫　李逸文
封面設計　兒日設計
內頁排版　極翔企業有限公司
集團社長　郭重興
發行人兼出版總監　曾大福
印　　務　黃禮賢、李孟儒
出　　版　木馬文化事業股份有限公司
發　　行　遠足文化事業股份有限公司
地　　址　231新北市新店區民權路108之4號8樓
電　　話　02-2218-1417　　傳　　真　02-8667-1065
Email　service@bookrep.com.tw
郵撥帳號　19588272　木馬文化事業股份有限公司
客服專線　0800221029
法律顧問　華陽國際專利商標事務所　蘇文生律師
印　　刷　前進彩藝有限公司
初　　版　2019年12月
定　　價　360元
ISBN 978-986-359-729-2

歡迎團體訂購，另有優惠，請洽業務部02-22181417分機1124、1135

特別聲明：有關本書中的言論內容，不代表本公司/出版集團之立場與意見，文責由作者自行承擔。

國家圖書館出版品預行編目(CIP)資料

尼采忘了他的傘 / 瑪麗恩・蘭金著. -- 初版. -- 新北市：木馬文化出版：遠足文化發行, 2019.12
224面；14.8 × 21公分
譯自：Brolliology: a history of the umbrella in life and literature

ISBN 978-986-359-729-2 (平裝). --

1.傘　2.文集

538.172　　108015927